JOÃO BATISTA LIBANIO

CRER NUM MUNDO DE MUITAS CRENÇAS E POUCA LIBERTAÇÃO

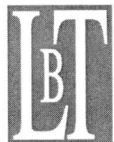

LIVROS BÁSICOS DE TEOLOGIA

Para a formação dos agentes de pastoral
nos distintos ministérios e serviços da Igreja

DIREÇÃO E COORDENAÇÃO GERAL DA COLEÇÃO:
Elza Helena Abreu, São Paulo, Brasil

ASSESSORES:
D. Manoel João Francisco, bispo de Chapecó, Brasil
Mons. Javier Salinas Viñals, bispo de Tortosa, Espanha
João Batista Libanio, S.J., Belo Horizonte, Brasil

Siquem
Ediciones Catequéticas
y Litúrgicas

Paulinas

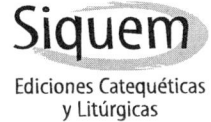

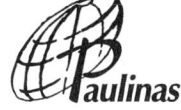

PLANO GERAL DA COLEÇÃO

TEOLOGIA FUNDAMENTAL
1. *Crer num mundo de muitas crenças e pouca libertação* –
   João Batista Libanio

TEOLOGIA BÍBLICA
2. *História da Palavra I, A*
   A.Flora Anderson / Gilberto Gorgulho / R. Rodrigues da Silva / P. Lima Vasconcellos
3. *História da Palavra II, A*
   A. Flora Anderson / Gilberto Gorgulho / R. Rodrigues da Silva / P. Lima Vasconcellos
4. *Esperança além da esperança – Teologia sistemática, antropologia, escatologia*
   Renold J. Blank / M. Ângela Vilhena

TEOLOGIA SISTEMÁTICA
5. *A Criação de Deus – Deus e Criação*
   Luiz Carlos Susin
6. *Deus Trindade: a vida no coração do mundo – Trindade e graça I*
   Maria Clara L. Bingemer / Vitor Galdino Feller
7. *Deus-amor: a graça que habita em nós – Trindade e graça II*
   Maria Clara L. Bingemer / Vitor Galdino Feller
8. *Jesus Cristo: Servo de Deus e Messias Glorioso (cristologia)*
   Maria Clara L. Bingemer

8.1. *Sois um em Cristo Jesus*
   Antônio José de Almeida

8.2. *Maria, toda de Deus e tão humana*
   Afonso Murad

TEOLOGIA LITÚRGICA
9. *O mistério celebrado: memória e compromisso I*
   Ione Buyst / José Ariovaldo da Silva
10. *O mistério celebrado: memória e compromisso II*
    Ione Buyst / Manoel João Francisco

DIREITO CANÔNICO
12. *Direito eclesial: Instrumento da justiça do Reino*
    Roberto Natali Starlino

HISTÓRIA DA IGREJA
13. *Eu estarei sempre convosco*
    Henrique Cristiano José Matos

TEOLOGIA ESPIRITUAL
14. *Espiritualidade cristã*
    Francisco Catão

TEOLOGIA PASTORAL
15. *Pastoral dá o que pensar, A*
    Agenor Brighenti

APRESENTAÇÃO DA COLEÇÃO

A *formação teológica* é um clamor que brota das comunidades, dos movimentos e organizações da Igreja. Frente à complexa realidade local e mundial, neste tempo histórico marcado por agudos problemas, sinais de esperança e profundas contradições, a *busca de Deus* se intensifica e percorre caminhos diferenciados. Nos ambientes cristãos e em nossas igrejas e comunidades, perguntas e questões de todo tipo se multiplicam, e os *desafios da evangelização* também aumentam em complexidade e urgência. Com isso, torna-se compreensível e pede nossa colaboração o *clamor por cursos e obras de teologia* com sólida e clara fundamentação na Tradição da Igreja, e que, ao mesmo tempo, acolham e traduzam em palavras a ação e o sopro de vida nova que o Espírito Santo derrama sobre o Brasil e toda a América Latina.

É importante lembrar que os documentos das Conferências do Episcopado Latino-Americano (Celam) e, especialmente, as *Diretrizes Gerais da Ação Evangelizadora da Igreja no Brasil* (CNBB), assim como outros documentos de nosso episcopado, não cessam de evidenciar a necessidade de *formação teológica* não só para os presbíteros, mas também para os religiosos e religiosas, para os leigos e leigas dedicados aos distintos ministérios e serviços, assim como para todo o povo de Deus que quer aprofundar e levar adiante sua caminhada cristã no seguimento de Jesus Cristo. Nossos bispos não deixam de encorajar iniciativas e medidas que atendam a essa exigência primordial e vital para a vida da Igreja.

O documento 62 da CNBB, *Missão e ministérios dos cristãos leigos e leigas*, quando trata da "força e fraqueza dos cristãos", afirma: "*...aumentou significativamente a busca da formação teológica, até de nível superior, por parte de leigos e leigas*" (n. 34). E, mais adiante, quando analisa o "diálogo com as culturas e outras religiões", confirma: "*tudo isso torna cada vez mais urgente a boa formação de cristãos leigos aptos para o diálogo com a cultura moderna e para o testemunho da fé numa* sociedade que se apresenta sempre mais pluralista e, em muitos casos, indiferente ao Evangelho" (n. 143).

Atentas a esse verdadeiro "sinal dos tempos", a Editorial Siquem Ediciones e a Editora Paulinas conjugaram esforços, a fim de prestar um serviço específico à Igreja Católica, ao diálogo ecumênico e inter-religioso e a todo o povo brasileiro, latino-americano e caribenho.

Pensamos e organizamos a coleção "Livros Básicos de Teologia" (LBT), buscando apresentar aos nossos leitores e cursistas todos os tratados de teologia da Igreja, ordenados por áreas, num total de quinze volumes. Geralmente, os tratados são imensos, e os manuais que lhes correspondem são volumosos e rigorosamente acadêmicos. Nossa coleção, pelo contrário, por unir consistência e simplicidade, se diferencia das demais coleções voltadas a essa finalidade.

Conhecer a origem desse projeto e quem são seus autores tornará mais clara a compreensão da natureza desta obra e qual seu verdadeiro alcance. A coleção LBT nasceu da frutuosa experiência dos *Cursos de Teologia para Agentes de Pastoral* da Arquidiocese de São Paulo (Região Episcopal Lapa). Os alunos dos vários núcleos freqüentemente pediam subsídios, apostilas, livros etc. O mesmo acontecia em cursos seme-lhantes, em outras regiões e dioceses. Contando com a colaboração de experientes e renomados teólogos de várias dioceses da Igreja no Brasil, pouco a pouco foi surgindo e ganhando corpo um projeto que pudesse atender a essa necessidade específica. De todo esse processo de busca e colaboração, animado e assistido pelo Espírito Santo, nasceu a cole-ção "Livros Básicos de Teologia".

Fidelidade a seu propósito original é um permanente desafio: proporcionar formação teológica básica, de forma progressiva e siste-matizada, aos agentes de pastoral e a todas as pessoas que buscam conhecer e aprofundar a fé cristã. Ou seja, facilitar um saber teológico vivo e dinamizador, que "dê o que pensar", mas que também ilumine e "dê o que fazer". É desejo que, brotando da vida e deitando suas raízes na Palavra, na Liturgia e na Mística cristã, essa coleção articule teologia e prática pastoral.

Cabe também aqui apresentar e agradecer o cuidadoso e sugestivo trabalho didático dos nossos autores e autoras. Com o estilo que é próprio a cada um e sem esgotar o assunto, eles apresentam os temas *fundamentais de cada campo teológico*. Introduzem os leitores na linguagem e na reflexão teológica, indicam chaves de leitura dos diferentes conteúdos, abrem pistas para sua compreensão teórica e ligação com a vida, oferecem vocabulários e bibliografias básicas, visando à ampliação e ao aprofundamento do saber.

Reforçamos o trabalho de nossos autores, convidando os leitores e leitoras a ler e mover-se com a mente e o coração através dos caminhos descortinados pelos textos. Trata-se de ler, pesquisar e conversar com o texto e seu autor, com o texto e seus companheiros de estudo. Trata-se de dedicar tempo a um continuado exercício de escuta, de consciência crítica, de contemplação e partilha. Aí, sim, o saber teológico começará a transpor a própria interioridade, incorporando-se na vida de cada dia e, pela ação com o Espírito, gestará e alimentará formas renovadas de pertença à Igreja e de serviço ao Reino de Deus.

Certamente esta coleção cruzará novas fronteiras. Estará a serviço de um sem-número de pessoas e comunidades eclesiais da América Latina e do Caribe, com elas dialogando. Estreitaremos nossos laços e poderemos ampliar e aprofundar novas perspectivas evangelizadoras em nosso continente, respondendo ao forte clamor de preparar formadores e ministros das comunidades eclesiais.

A palavra do Papa João Paulo II, em sua Carta Apostólica *Novo millennio ineunte* (n. 58), confirma e anima nossos objetivos pastorais e a tarefa já começada:

> *Caminhemos com esperança! Diante da Igreja, abre-se um novo milênio como um vasto oceano onde é necessário aventurar-se com a ajuda de Cristo. O Filho de Deus, que se encarnou há dois mil anos por amor ao homem, continua também hoje sua obra.*

ELZA HELENA ABREU
Coordenadora geral da Coleção LBT

Dados Internacionais de Catalogação na Publicação (CIP)
(Câmara Brasileira do Livro, SP, Brasil)

Libanio, João Batista
　　Crer num mundo de muitas crenças e pouca libertação / João Batista Libanio. – 2. ed. – São Paulo : Paulinas ; 2010. – (Coleção livros básicos de teologia ; 1)

　　ISBN 978-85-356-1013-0

　　1. Teologia — Estudo e ensino I. Título. II. Série.

10-00365 　　　　　　　　　　　　　　　　　　　CDD-239

Índice para catálogo sistemático:
1. Teologia fundamental : Cristianismo　　239

© Siquem Ediciones e Paulinas
© Autor: João Batista Libanio

Com licença eclesiástica (30 de março de 2001)

Coordenação-geral da coleção LBT: *Elza Helena Abreu*
Editora responsável: *Vera Ivanise Bombonatto*
Assistente de edição: *Valentina Vettorazzo*

4ª edição – 2014

Nenhuma parte desta obra pode ser reproduzida ou transmitida por qualquer forma e/ou quaisquer meios (eletrônico ou mecânico, incluindo fotocópia e gravação) ou arquivada em qualquer sistema ou banco de dados sem permissão escrita da Editora. Direitos reservados.

Siquem Ediciones
C/Pío X, 9 bj. 46920 Mislata (Valencia) — Espanha
Tel.: (00xx34) 963 50 31 49
e-mail: ediciones@siquem.es

Paulinas
Rua Dona Inácia Uchoa, 62
04110-020 – São Paulo – SP (Brasil)
Tel.: (11) 2125-3500
http://www.paulinas.org.br – editora@paulinas.com.br
Telemarketing e SAC: 0800-7010081

© Pia Sociedade Filhas de São Paulo – São Paulo, 2003

INTRODUÇÃO

Convidar o leitor a ler um livro sobre teologia fundamental se aproxima bem mais a uma visita arqueológica do que a uma viagem. Nas viagens, as paisagens são visíveis, externas. Na arqueologia, tudo acontece lá em baixo, nas camadas soterradas.

Teologia fundamental trata de fundamentos. Logo, devemos escavar o terreno de nossa fé para descobrir sobre que base ela se funda. Se usássemos uma ficção científica, caber-nos-ia colocar uns óculos com raios laser que atravessassem o solo e vissem as camadas que aí foram depositadas.

O leitor vai perceber que ele começou a crer não por um ato novo, totalmente seu, a partir da estaca zero. Pelo contrário, em qualquer idade que ele hoje esteja, sabe que se encontrou crendo dentro de uma tradição, de uma Igreja. Raros, muito raros, serão os leitores que enfrentam essa leitura totalmente alheios à fé cristã. Antes, todos estão dentro da fé, mesmo que tenham muitos problemas com ela.

O nosso estudo vem precisamente ajudar a um que crê a "re-fazer" o percurso de sua fé. É convidado a revisitar o território habitado de sua religião, de modo consciente, explícito, de maneira que, no fim do estudo, possa mais convictamente crer e, assim, ter condições de ajudar a outros nesse mesmo processo de introspecção do solo da fé.

Já estamos em novo século e milênio. O dado nos impressiona. No entanto, as questões são as mesmas que trouxemos do século e milênio passados. Dois traços marcaram essa virada: o triunfo de uma razão técnico-científica com progressos gigantescos e, ao mesmo tempo, uma desconfiança radical em relação a ela, por causa de seus perigos, acompanhada de uma fuga ao mundo da religião, da magia, de ambientes esotéricos. Nos dois casos, desconfia-se de todo compromisso, de toda verdade objetiva e permanente. Tudo é transitório e descartável.

Então, como alimentar uma fé cristã que, se por um lado, exprime-se em muitas formas religiosas estéticas e festivas, por outro, tem exigências de compromisso social sério e de uma objetividade real vinda da Revelação como Verdade de Deus? O livro convida você a enfrentar de cara esse problema com muita lealdade, clareza e consciência crítica. No final, só você ganhará com uma fé lúcida e clarividente em relação às suas dúvidas e às de seus companheiros de viagem na terra. Boa leitura!

Capítulo primeiro

PONTO DE PARTIDA

*Feliz de quem atravessa a vida
tendo mil razões para viver.*

D. Helder Câmara

Crer sempre foi um desafio. Hoje se tornou ainda mais sério. Há, por parte dos cristãos, uma maior busca em justificar sua fé. Um dos sinais promissores dessa sede de uma fé mais consciente e crítica tem sido a multiplicação dos cursos de teologia. Por todas as partes, cristãos leigos e leigas buscam aprofundar suas convicções religiosas.

A proposta deste livro situa-se no campo da teologia fundamental. Esta se preocupa em oferecer uma base, um fundamento para o conjunto da fé cristã. Ela se organiza, portanto, respeitando duas exigências. Uma que vem do fiel, outra que vem da fé.

O cristão procura no estudo da teologia respostas às suas perguntas. Estas se originam de muitas fontes. E, em cada época, nas diversas regiões, serão diferentes. Assim a teologia fundamental variará enormemente ao longo dos espaços e tempos.

Se se olha o lado da fé, a teologia fundamental se ocupa primeiramente da Revelação, fonte primeira de toda fé cristã. Ela tem uma existência anterior ao fiel. Antes que ele levante suas perguntas, já Deus se manifestou na história humana.

Por isso, no início de toda teologia fundamental, coloca-se a pergunta: por onde começar? Pela fé do cristão, procurando sua intelecção sempre maior? Ou deter-se na Revelação e depois confrontá-la com as necessidades dos fiéis?

1. OLHANDO PARA AS DIFERENTES SITUAÇÕES

A fé cristã foi e ainda é vivida em muitos lugares e por muitas pessoas como algo tranqüilo. O conjunto da fé permanece intacto na sua realidade própria. Dispensa-se, nesse caso, o esforço de buscar um primeiro fundamento que justifique todo o edifício. Está-se dentro dele. Não se sente necessidade de mostrar sua solidez; tem-se a convicção serena de que ele permanecerá firme. É a experiência humana que fazemos de nossas habitações materiais. Nunca se vê alguém consultar geólogos, ou engenheiros, ou arquitetos para saber se sua casa é sólida ou não, se há ameaças de queda ou não.

Continuando a comparação, o fato de não haver preocupações a respeito do fundamento da casa, não impede, porém, que haja reparos a respeito de pormenores da construção. Alguém pode notar defeitos nos cômodos da casa. A pintura está descascando; as portas estão emperradas; a distribuição dos cômodos não agrada tanto: por isso, introduzem-se modificações menores na sua arquitetura. Não está em questão a totalidade da construção, mas unicamente partes dela.

Durante muitos séculos, a teologia procedeu dessa maneira. Aceitava tranqüilamente a totalidade do edifício da Revelação. Algo indiscutível. Mexia-se no quarto da cristologia. Melhorava-se a pintura da eclesiologia, corrigiam-se os estragos em algum tratado teológico.

Se olhamos para a maneira como os cristãos desenvolveram sua fé ao longo dos séculos, constatamos como nos primeiros séculos eles se preocuparam em ajustar duas certezas inabaláveis que, à primeira vista, traziam dificuldade de intelecção. A teologia cristã nascia do judaísmo. Lá se afirmava com toda a firmeza o monoteísmo: *há apenas um e verdadeiro Deus, Javé*. Ao mesmo tempo, a experiência cristã partia da convicção inquestionável de que Jesus, morto e ressuscitado, era verdadeiramente o Filho de Deus. E os apóstolos receberam a infusão do Espírito Santo, também ele divino. Como conciliar o monoteísmo judaico com a divindade de Jesus e a do Espírito Santo? O longo processo de reflexão teológica culminou nos grandes concílios do século IV, nos quais se definiu a unidade de Deus e trindade das pessoas. Aí está um exemplo de como a fé, sem ser questionada na sua raiz mais profunda de Revelação, avançou por meio das perguntas feitas no seu interior.

Concílios do IV século

No Concílio realizado na cidade de Nicéia (a. 325), afirmou-se que Jesus Cristo era o Filho de Deus da mesma natureza que Deus Pai (Javé). São duas pessoas distintas, mas têm uma mesma natureza divina. O Concílio de Constantinopla (a. 381) ensinou a mesma verdade a respeito do Espírito Santo. Também ele é uma pessoa divina da mesma natureza que o Pai e o Filho, procedendo de ambos.

Antes que a cristandade começasse a firmar-se, é verdade, a fé cristã viveu um momento de confronto com a incredulidade pagã ou com a resistência dos judeus. Os primeiros Padres da Igreja deram-se à tarefa de justificar a fé cristã diante da inteligência pagã e da tradição judaica, trabalho que teve seu início no próprio Novo Testamento. Ficou proverbial a tentativa de S. Paulo no areópago de Atenas de introduzir na fresta do "deus desconhecido" a pregação de Jesus.

São Paulo no Areópago de Atenas

Todos os atenienses e os forasteiros ali residentes não se ocupavam de outra coisa senão de ouvir e contar as últimas novidades.

De pé, no centro do Areópago, Paulo falou: "Atenienses, vejo que sois extraordinariamente religiosos em tudo. Ao passar pela cidade e contemplar os objetos de vosso culto, achei até um altar em que está escrito: 'Para o deus desconhecido'. Pois bem, aquele que venerais sem conhecer, é esse que vos anuncio". Pode-se ler o texto completo e observar o esforço de inculturação de S. Paulo em At 17,21-34.

No entanto, à medida que a consciência cristã se firmava, já não se fazia necessária nenhuma teologia fundamental. A tradição apologética cedia lugar a uma crescente enucleação da própria Revelação. Os temas internos da teologia ocupavam as energias dos teólogos.

O mesmo vale para todo fiel cristão que ainda vive num ambiente de tal clareza e firmeza de fé, que não se faz nenhuma pergunta sobre a totalidade da Revelação. Ele pode dar-se ao luxo de estudar tranqüilamente sua fé, sem preocupar-se com os assédios dos adversários.

Isso não impede, como muito bem percebeu Santo Agostinho, que a sua fé requeira momentos de penetração pela razão: "Todos os homens querem entender, não há ninguém que não o queira, mas nem todos querem crer. Se alguém me diz: *que eu entenda para que creia*; respondo: *crê para que entendas*".[1]

A história foi avançando. A Idade Média foi a última época cultural na Europa em que a fé católica gozava de uma quase unanimidade. Ela não precisava autojustificar-se como um todo. Havia questões concretas que despertavam a inteligência dos teólogos e as dúvidas dos fiéis. As teologias se incumbiam de ir resolvendo-as.

Summa contra Gentiles de Santo Tomás

Santo Tomás escreveu um livro chamado "Summa contra Gentiles" (1259-1265) – Suma contra os gentios. Sob o nome de "gentio", podemos entender todo aquele que não professava a fé cristã. Naqueles tempos eram especialmente os muçulmanos, judeus, ortodoxos, pagãos e hereges. Apesar desse aspecto circunstancial histórico, Santo Tomás escreveu uma "obra útil a todas as épocas". Sua intenção não era a de um "apostolado imediato e limitado, mas uma intenção de sabedoria de alcance apostólico universal". Ele fazia uma defesa da fé para toda inteligência, recorrendo não só à filosofia, mas também refletindo a partir da própria teologia. É, portanto, uma obra teológica por sua intenção e método. Não se tratava de uma justificativa para um cristão de fé abalada, como surgirá mais tarde (J. P. Torrell, Iniciação a Santo Tomás; sua pessoa e obra, pp. 113-136).

Rompeu-se a unidade eclesial. A Reforma Protestante quebrou a evidência de uma única Igreja verdadeira. Surgiu então a necessidade de uma teologia fundamental que justificasse a única e verdadeira Igreja. Nesse contexto, apareceram os apologetas católicos em oposição aos protestantes.

---

[1] Obras de San Agustín. *Sermones, Sermón 43*. Madrid, BAC. 1950. Tomo VII (53), pp. 732-742.

Reforma Protestante

A Reforma Protestante foi um movimento religioso iniciado por Lutero, na Alemanha, pelo qual se rompeu a unidade da Igreja no Ocidente. Antes, porém, já tinha havido um cisma na Igreja no Oriente. Em 1054, Miguel Cerulário se separou da Igreja de Roma, formando-se então a Igreja Ortodoxa. Tal ruptura praticamente não afetou a unidade da fé no Ocidente.

Na luta contra a Reforma, S. Pedro Canísio e S. Roberto Bellarmino tornaram-se figuras clássicas por suas obras apologéticas.

Os abalos subseqüentes foram ainda piores. A razão humana se levantava contra uma Revelação divina vinda de fora. Sofria-a como uma violência contra sua autonomia. No mundo político, não se aceitava a autoridade absoluta dos monarcas. No reino da religião, já não se queria uma verdade revelada imposta por uma autoridade divina. Parecia ferir a dignidade humana. Em nome da própria natureza humana racional, protestava-se contra todo o edifício da fé. Já não era uma questão concreta. Era contra toda a Revelação como tal. Contestava-se também a pretensão do Cristianismo, sendo um fato concreto, histórico e nascido na Palestina, de querer ter vigência universal.

Estavam postas as críticas mais contundentes contra a Revelação. Fazia-se necessária uma teologia fundamental que justificasse o fato da Revelação. Ela não é nenhuma intromissão arbitrária de Deus, nem o Cristianismo uma pretensão absurda. Com essas objeções, os alicerces do edifício da fé ficaram fortemente comprometidos. Já não se conseguia morar tranqüilamente dentro dele. Sentia-se cada vez mais a urgência de legitimar sua confiabilidade.

Essas críticas no século XIX e nas primeiras décadas do século XX circulavam ainda em setores restritos. A necessidade de uma apologética ou teologia fundamental se fazia necessária somente para grupos menores. Pouco a pouco, essas ondas se espraiaram e atingiram todos os continentes.

2. A TEOLOGIA FUNDAMENTAL: PENSAR OS FUNDAMENTOS DA FÉ

A teologia fundamental não só buscou justificar a fé perante os adversários, refutando-lhes as críticas e objeções, mas também caminhou numa linha direta e imediatamente teológica. Mesmo que não se visasse, numa primeira instância, a defesa da fé, ela se tornou uma urgência para todo cristão que sentia a necessidade de ver mais claramente os fundamentos de sua fé, isto é, da Revelação. A teologia fundamental tornou-se uma teologia da Revelação. Esse fato e seus conteúdos, tanto no Antigo como no Novo Testamento, ocuparam o centro dessa disciplina. Serviu de modelo para tal visão mais atualizada da teologia fundamental a obra de R. Latourelle.[2]

---

[2] LATOURELLE, R. *Teologia da revelação*. São Paulo, Paulinas, 1972.

Nessa seqüência vieram outras obras que colocaram no centro de sua reflexão a realidade teológica da Revelação, encarando-a sob diversos aspectos.[3] Todos tiveram a preocupação de partir da própria Revelação, como a fonte última de nossa fé.

O conceito de teologia fundamental sofreu, portanto, modificação significativa. Desde uma apologética clássica que defendia a fé católica contra os principais adversários — protestantes, racionalistas, tradicionalistas, fideístas, ateus — até a apologética moderna, que tenta mostrar a compatibilidade entre razão moderna e fé. Permitem ser classificados como verdadeiros apologetas modernos pensadores como: Teilhard de Chardin,[4] H. Küng,[5] K. Rahner[6] e outros que, em algumas de suas obras, procuram responder precisamente à questão de crer honestamente num mundo moderno. A tendência clássica acreditava na possibilidade de provar que o nível de lógica, de racionalidade, de verdade da fé cristã era tal que se fazia acessível a qualquer inteligência, levando-a ao assentimento. A tendência moderna renuncia à tal pretensão. Procura, a partir das aberturas existenciais do ser humano, mostrar como a Revelação responde a tais anseios e buscas. É esse ser humano inquieto, de todos os lugares, que a Palavra de Deus apazigua.

Numa outra perspectiva, já não apologética, a teologia fundamental se encaminha por conhecer a Revelação de dentro dela mesma. "Só a Revelação pode dizer-nos que é a Revelação!"[7] É perguntando à Revelação o que é Revelação que é possível começar o estudo da teologia fundamental. É uma entrada no interior da fé, por parte de quem crê, à busca de mais luzes e firmeza para sua fé. A Revelação é vista na sua totalidade de fato e de conteúdo, de iniciativa primordial de Deus e de manifestação. Ouvindo o Concílio Vaticano II, percebemos melhor a profundidade do mergulho necessário.

Revelação no Concílio Vaticano II

Aprouve a Deus, em sua bondade e sabedoria, revelar-se a si mesmo e tornar conhecido o mistério de sua vontade (cf. Ef 1,9), pelo qual os homens, por intermédio do Cristo, Verbo feito carne, e no Espírito Santo, têm acesso ao Pai e se tornam participantes da natureza divina (Concílio Vaticano II, *Dei Verbum*, n. 2).

---

[3] LIBANIO, J. B. *Teologia da Revelação a partir da modernidade*. 4. ed. São Paulo, Loyola, 2000.
[4] Bom número das obras de Teilhard de Chardin pode ser considerado uma tentativa de entender o cristianismo numa perspectiva evolucionista. Trata-se de verdadeira apologética para a mentalidade moderna afeita a essa concepção do cosmo.
[5] KÜNG, H. *Ser cristão*. Rio de Janeiro, Imago, 1976.
[6] RAHNER, K. *O curso fundamental da fé*; introdução ao conceito de cristianismo. São Paulo, Paulinas, 1989.
[7] LATOURELLE, R. Nueva imagen de la teología fundamental. In: LATOURELLE, R. & O'COLLINS, G. *Problemas y perspectivas de Teología Fundamental*. Salamanca, Sígueme, 1982. p. 64.

A teologia fundamental debruça-se sobre o mistério de Deus e seu plano salvífico. Como ele envolve toda a história do cosmo e da humanidade, a temática da teologia tem horizontes amplíssimos. A revista *Concilium* dedica, de tempos em tempos, todo um número à teologia fundamental. Se examinarmos esses exemplares, veremos a variedade enorme de temas. Enfim, as grandes questões sociopolíticas, econômicas, culturais e religiosas da atualidade fazem parte da História da Salvação e tocam os grandes temas da teologia fundamental. Por isso, vamos selecionar algumas mais urgentes para nosso contexto de modernidade avançada e atrasada. Como modernidade avançada, vivemos as últimas ondas que batem nas praias do Primeiro Mundo. Como modernidade atrasada, estamos às voltas com problemas ainda ligados à sobrevivência, aos primórdios da humanidade: morar, alimentar-se, vestir-se decentemente.

Em seguida, apontaremos uma série de definições de teologia fundamental. Comparando-as entre si, o leitor poderá fazer uma idéia mais completa da sua proposta teórica.

Definições de teologia fundamental

- *"Estudo dos fundamentos racionais da decisão de fé"* (H. Bouillard).
- *"Um diálogo da fé cristã com a cultura secular comum a todos, crentes e não crentes"* (H. Bouillard).
- *"Função crítica e hermenêutica da teologia: da Revelação que estabelece a fé e da fé que acolhe a Revelação"* (C. Geffré).
- *"Ser uma orientação responsável da fé no mundo de hoje"* (J. B. Metz).
- *"Ciência que estuda as bases da teologia como ciência da Revelação e da fé"* (G. Söhngen).
- *"Estuda a realidade primeira e fundamental do Cristianismo, a saber, a Revelação ou a Palavra de Deus à humanidade"* (R. Latourelle).
- *"Designa seja uma função da teologia, sua função defensiva e justificativa, seja uma parte da teologia, abarcando o estudo da Palavra de Deus e da acolhida dessa Palavra pelo homem"* (Y. Congar).
- *"Partindo dos princípios da teologia, ela fundamenta a diversidade dos princípios, das disciplinas e dos métodos teológicos, serve de introdução ao trabalho teológico e garante-lhe a unidade"* (R. Latourelle).
- *"Responde à pergunta: como ser cristão num continente de injustiça?"* (Teologia da Libertação).

3. GIRANDO A PERSPECTIVA

Em todos esses estudos, estava sempre latente a preocupação com o sujeito que crê. Era sua situação de incerteza que levava a teologia a debruçar-se sobre o fato primordial da Revelação. No entanto, o objeto principal era a própria Revelação na sua objetividade.

A década de 1990 trouxe uma virada muito importante. Reforçou extremamente uma tendência já presente desde o início da modernidade: a preocupação com o sujeito. Cada vez ficava mais claro que uma realidade externa, uma autoridade de fora não tem nenhuma força impositiva. É no sujeito, na sua experiência, na sua verdade, que está o ponto de partida de qualquer processo, inclusive o religioso.

Por essa razão, começar a teologia com a Revelação torna-se pedagogicamente cada vez mais inviável. Antes, impõe-se um trabalho prévio de aprofundar quem é esse sujeito moderno, como ele se constrói e como a Revelação se apresenta diante dele.

Começaremos, então, esse estudo, partindo do sujeito.[8] Este sujeito está sempre em construção de si mesmo. Ele não o faz sozinho, mas dentro do atual momento cultural e social. Para corresponder melhor a essa expectativa, o curso inicia-se com a fé. Parece ser mais adequado à necessidade dos agentes de pastoral começar pela análise de sua situação e, só depois, aprofundar o fato da Revelação.

Inverte-se a ordem da realidade em benefício do sujeito. Se a fé é uma resposta, deve preceder-lhe logicamente uma proposta. A Revelação é a proposta. Contudo, hoje as pessoas estão preocupadas em conhecer sua condição de responder, antes mesmo de considerar a proposta.

Estamos cada vez mais convencidos de que nossas decisões se constroem em nosso interior. E precisamos entender como isso acontece. Vivemos um paradoxo que nos dilacera. Prezamos altamente nosso mundo particular, pessoal. Não queremos que ninguém interfira nele. A nossa privacidade é defendida ardorosamente. Entretanto, sabemos que, como nunca, somos bombardeados pelo mundo exterior. Somos literalmente invadidos pelo barulho onipresente, pela propaganda atordoante, pela mídia poderosa. Nossos desejos se tornam cada vez menos nossos. São condicionados por sofisticadas e insinuantes maneiras de *marketing*.

A nossa fé passeia nesse confuso campo da autonomia e do condicionamento. Não se aceita a propaganda pela sua autoridade. Ela deve esconder-se sob a aparência da comprovação evidente do sujeito. Faz-se apelo à experiência do consumidor. Ser consumidor significa ser sujeito que decide sobre o valor do produto. Essa imagem de soberania diante dos bens oferecidos deixa-nos convencidos de que praticamos eficientemente nossa capacidade de escolha.

Essa estrutura comercial está-se tornando cultura. Isso significa que afeta todos os nossos comportamentos. Assim, as nossas práticas e opções religiosas experimentam essa mesma ambigüidade de autonomia e condicionamento propagandístico.

A fé do cristão do Terceiro Mundo encontra-se, portanto, questionada por dois universos diferentes. Se, na Europa, o cristão se pergunta como

---

[8] Se o leitor desejar fazer esse percurso de maneira mais aprofundada e ampla, ver: LIBANIO, J. B. *"Eu creio — nós cremos";* tratado da fé. São Paulo, Loyola, 2000.

crer num mundo de descrença, de ateísmo, de secularismo, aqui, nos questionamos como ser cristão num mundo tão religioso. Se o Primeiro Mundo sofre a ameaça do aburguesamento da fé, aqui nos angustiamos com o questionamento de ser cristão num mundo de injustiça e opressão. Essa dor da fraqueza da fé cristã perpassa o texto de Puebla.

Declarações de Puebla

"Vemos à luz da fé, como um escândalo e uma contradição com o ser cristão, a brecha crescente entre ricos e pobres. O luxo de alguns poucos se converte em insulto contra a miséria das grandes massas. Isso é contrário ao plano do Criador e à honra que lhe é devida. Nessa angústia e dor, a Igreja discerne uma situação de pecado social, cuja gravidade é tanto maior quanto se dá em países que se dizem católicos e que têm a capacidade de mudar: 'que se derrubem as barreiras da exploração... contra as quais se estraçalham seus maiores esforços de promoção'" (João Paulo II, Alocução Oaxaca 5, 28). *"O homem latino-americano sobrevive numa situação social que contradiz sua condição de habitante dum continente majoritariamente cristão; são evidentes as contradições existentes entre estruturas sociais injustas e as exigências do Evangelho"* (1257).*"Sem dúvida, as situações de injustiça e de pobreza extrema são um sinal acusador de que a fé não teve a força necessária para penetrar os critérios e as decisões dos setores responsáveis da liderança ideológica e da organização da convivência social e econômica de nossos povos. Em povos de arraigada fé cristã impuseram-se estruturas geradoras de injustiça"* (437). *"A realidade latino-americana faz-nos experimentar amargamente, até aos extremos limites, esta força do pecado que é a contradição flagrante do plano de Deus"* (III Conferência Geral do Episcopado Latino-americano, *Conclusões de Puebla*, 186).

4. SUPERANDO OS IMPASSES DA MODERNIDADE

Esse sujeito moderno somos todos nós. Vivemos em todas as partes, embora em proporções diferentes, as duas faces da modernidade. A face gloriosa, tecnológica, de progresso e riqueza, com promessas infinitas — que apesar de certos fracassos, continua prometendo muito —, prossegue triunfante crescendo em riqueza, em sofisticação. As duas tecnologias de ponta — da comunicação e da engenharia genética — nos assombram. Não temos idéia do que nos espera em futuro próximo.

A face escura da pobreza, da miséria, da doença, da degradação humana de indivíduos, classes, nações e até continentes ameaça a nossa própria consciência de humanidade. O grito ético de que o carrasco não pode se prevalecer sobre a vítima aplica-se, de modo igualmente dramático, às explorações sem nome e ao desprezo dos grandes capitais em relação à miséria de bilhões de pessoas.

Nas duas modernidades, porém, há conquistas comuns. No centro da exploração ou da solidariedade está a consciência humana, a liberdade, a responsabilidade. É o valor da pessoa humana que serve de ponto de referência a qualquer reflexão dentro da modernidade. Já não se procede por decretos, por tradições impostas, por autoridades arbitrárias. Tudo isso existe, mas é feito de maneira camuflada, enganadora, para que caiba no interior da modernidade.

Diante dessa realidade, já não se pode pensar uma Revelação que desrespeite a autonomia humana, que seja uma imposição extrínseca, sem relação com os anseios, desejos, perguntas do sujeito. Nem se entende uma pretensão universal do Cristianismo que omita o diálogo, a compreensão da riqueza dos parceiros religiosos. Esses novos pressupostos se impõem para qualquer teologia fundamental atual. Trata-se de saber como conciliar a manifestação livre de Deus e a autonomia de sua criatura e de entender a singularidade original do Cristianismo no oceano de religiões.

Na América Latina, vale a dolorosa pergunta que os judeus fizeram depois do holocausto: como falar de Deus depois de Auschwitz? Como falar de Deus depois que tomamos consciência do horror, da miséria de continentes, sabendo que os países colonizadores, conquistadores e senhores do capital são, pelo menos, de origem cristã e até têm inscrito no seu dinheiro: "Confie em Deus"?

Se se usar uma metáfora bélica, não se poderá ser como um exército que se rende, sem mais, ao adversário. Portanto, não cabe numa teologia fundamental cristã capitular totalmente diante da autonomia do ser humano, fazendo Deus retirar-se para o silêncio eterno da trindade. Ou aceitar um Deus alienante, que deixa inquestionada a situação de pobreza e miséria de continentes. Nem também se vai negociar com a pedagogia do general sagaz e vulgar que cede para ganhar. Pior ainda seria entrincheirar-se na posição tradicional, seja na pura defesa, seja no ataque. Numa cultura plural e do diálogo, a única posição correta da teologia é ser crítica e construtiva. Crítica mútua. Todos os parceiros de um diálogo têm verdades, mas também limites. Valem pela verdade e não pelo limite. Deles se aprendem verdades, sem que se aceitem os seus limites.

Resumindo

• *A teologia fundamental tem uma dimensão permanente e outra conjuntural. Em cada momento da história, o cristão tenta responder ao pedido de São Pedro: "Não tenhais medo das ameaças nem vos perturbeis, mas guardai santamente nos corações Cristo Senhor e estai sempre prontos a dar razão da vossa esperança a todo aquele que vo-la pede" (1Pd 3,14s). Dar razão de sua esperança é justificar para si e para os outros sua fé no amor de Deus. Esperar é crer no amor.*

• *Assim, desde o início, a fé cristã se justificou diante dos pagãos, dos judeus. Durante um longo tempo de quase unanimidade cristã esse esforço concentrou-se em relação a pontos controvertidos da própria fé. Na modernidade, tornou-se mais premente a necessidade apologética, ao ter de responder os questionamentos vindos da Reforma e do racionalismo nas suas diferentes formas.*

• Com o Concílio Vaticano, a teologia fundamental se interessou mais por pensar positivamente os fundamentos da fé, desenvolvendo uma teologia da Revelação e refletindo sobre as disposições do sujeito moderno em relação a ela. Nos últimos anos, tem-se exacerbado ainda mais o individualismo. Em nosso contexto de Terceiro Mundo, a teologia fundamental, além desses questionamentos levantados pela modernidade européia, enfrenta uma realidade extremamente religiosa, de um lado, e horrivelmente injusta, de outro. Aí está o desafio de nossa fé.

Aprofundando

Uma vez que julgamos mais adequado começar o estudo da teologia fundamental pela fé, surge a pergunta ulterior: como construímos a nossa fé cristã?

Perguntas para reflexão e partilha

1. Qual é a razão profunda de a fé cristã sempre estar ameaçada pela dúvida?

2. Como tenho dado as razões de minha fé para mim e para quem me pergunta?

3. Como, na minha prática pastoral, estou atento à necessidade de oferecer a todos motivos sérios para permanecerem firmes na fé?

Bibliografia complementar

GEFFRÉ, C. A história recente da teologia fundamental; tentativa de interpretação. *Concilium* 6 (junho 1969) 7-26.

LIBANIO, J. B. *Teologia da Revelação a partir da modernidade*. 4. ed. São Paulo, Loyola, 2000. pp. 17-110.

RATZINGER, J. *Introdução ao cristianismo*. São Paulo, Herder, 1970. pp. 7-62.

Capítulo segundo

A CONSTRUÇÃO DA FÉ

*A fé oferece o conhecimento do projeto salvífico
realizado por Deus em Cristo,
assim como o da situação do ser humano
no interior desse projeto.*

Juan Alfaro

1. ENTRE O DOM E A OBRA

Pertence à mais genuína tradição bíblico-cristã a verdade de que a fé é graça. No início, está o dom de Deus que chama o fiel a uma comunhão com ele. Crê-se, porque se é chamado. Esse sujeito responde. Vive numa história e possui uma subjetividade que é seu mundo interior. Lá se encontram seus segredos, seus valores. A partir dele compreende e interpreta o mundo que o cerca.

Esse mundo interior se constrói e está sempre a construir-se ao longo de toda a vida em diálogo-confronto com as próprias experiências, com a história, com a sociedade, com o cosmo. E, além disso, existe a experiência da transcendência, que, de certo modo, está presente em todas as outras.

O processo da fé se faz no duplo movimento da construção do nosso próprio "eu" e do acolhimento do dom do chamado de Deus para apostar num tipo de vida. A fé se experimenta como construção humana e aposta em Deus. Não são duas coisas. São duas faces de uma experiência única.

As pessoas se perguntam: como viver a fé cristã num mundo que lhes subtraiu o apoio religioso e sociocultural? Como crer num contexto sociopolítico e econômico tão conflitante com o Evangelho? Como conservar uma fé recebida no interior de uma tradição tranqüila quando nossa identidade pessoal está em processo de tão acentuada transformação?

Evidentemente essas perguntas só encontram respostas ao longo de toda a nossa vida. E sempre novas. Aqui se fará um percurso que servirá de modelo. Cada um é chamado a reconstruir seu itinerário de fé no interior do seu próprio caminho psicossocial.

1.1. O medo da liberdade

O ser humano debate-se entre a vontade de construir-se e a tentação de abdicar de sua liberdade, confiando-a a outro. Tema que sempre volta à baila. A psicologia tem aprofundado os mecanismos inconscientes de fuga da liberdade. A modernidade submete as pessoas ao movimento contraditório da aceleração e do freio. Acelera o nível de consciência, de liberdade, de vontade de decisão, de autonomia, de independência. Freia-lhes as possibilidades de decisão, erguendo diante delas a muralha intransponível de um sistema econômico, político, social rígido e gigantesco. "Deves decidir, mas tua decisão é impossível." Suplício de Tântalo.

Essa cisão afeta o indivíduo e a sociedade. Impossibilita uma prática verdadeiramente humana, livre. A psicologia individual e social encontra respostas inconscientes, mas necessárias, para tal pressão esquizofrênica. Elabora mecanismos de fuga. É o reconhecido "processo psicológico pelo qual o homem tenta escapar às condições de sua própria existência, percebida (sentida) por ele como insuportável. Representa a maneira inadequada de o homem canalizar suas energias, em resposta a seus problemas de existência, como o desenvolvimento de suas potencialidades intelectuais, emocionais e sensoriais".[1]

Tais mecanismos de fuga afetam os indivíduos e a sociedade. E. Fromm estudou os mecanismos sociais de fuga: o autoritarismo, a destrutividade e a conformação de autômatos.[2] Em todos os casos, a nossa liberdade tem medo de uma realidade diferente diante da qual deve situar-se. Tem uma dupla tentação. Ou destrói a realidade diferente e fica sozinha — é o caso extremo de quem, não suportando a liberdade do outro, mata-o; tem-se medo do diferente —, ou a liberdade mesma se anula, submetendo-se totalmente ao outro. É o caso extremo da escravidão ou da submissão incondicional a alguém: aí é o outro quem fica sozinho. Nos dois casos, suprime-se o verdadeiro espaço da liberdade que é o encontro da liberdade com uma realidade diferente dela. O outro é elemento absolutamente necessário para o exercício da liberdade.

> **Mecanismos de fuga: insegurança do indivíduo isolado**
>
> *Uma vez que sejam rompidos os vínculos primários que davam segurança ao indivíduo, uma vez que este enfrente o mundo exterior como uma entidade completamente independente, dois caminhos se lhe apresentam para superar o estado insuportável de impotência e solidão.*
>
> *Por um, ele pode progredir para a "liberdade positiva", pode relacionar-se espontaneamente com o mundo pelo amor e pelo trabalho, na expressão legítima de suas capacidades emocionais, sensoriais e intelectuais; pode, assim, unir-se uma vez mais ao homem, à natureza e a si mesmo, sem renunciar à independência e à integridade de seu ego individual.*

---

[1] MONNERAT CELES, L. A. *Formação da consciência crítica*; subsídios psicológicos. 2. ed. Petrópolis/Rio de Janeiro, Vozes/CRB, 1980 v. 3, p. 23.
[2] FROMM, E. *O medo à liberdade*. Rio de Janeiro, Zahar, 1974; Id.. *Análise do homem*. Rio de Janeiro, Zahar, 1968; Id. *Psicanálise da sociedade contemporânea*. Rio de Janeiro, Zahar, 1967.

> *O outro caminho com que depara permite-lhe recuar, desistir de sua liberdade e procurar vencer sua solidão, eliminando a brecha que se abriu entre ele e o mundo. Este segundo caminho nunca o reúne ao mundo da maneira pela qual estava relacionado com ele antes de haver emergido como "indivíduo", pois o fato de sua separação é irreversível; trata-se de uma fuga de uma situação insustentável, que, se prolongada, tornaria impossível a vida. Essa rota de fuga, por isso, caracteriza-se por sua natureza compulsiva, como toda fuga em pânico; caracteriza-se, também, por uma rendição mais ou menos total da individualidade e da integridade do eu. Não é, pois, uma solução que leva à felicidade e à liberdade positiva, ... mitiga uma angústia insuportável, ... não resolve os problemas subjacentes, e seu preço é um gênero de vida que muitas vezes consiste unicamente em atividades automáticas ou compulsivas* (E. Fromm, O medo à liberdade. 13. ed. Rio de Janeiro, Zahar, 1981, p. 117).

As práticas religiosas podem mais facilmente entrar no jogo de mecanismos de fuga. Transmitidas por uma instituição religiosa, o fiel pode identificar-se com elas, anulando sua liberdade, ou pode absorvê-las como expressão de seus desejos e buscas. Elas perdem, assim, sua objetividade própria para tornarem-se simples objeto do desejo do fiel.

A fé, por definição, refuga tal situação, já que implica um nível de liberdade em diálogo. Acolhe-se um chamado pessoal na liberdade. No entanto, na realidade cultural católica de nosso continente, a fé e a religião se imbricam de tal modo que formas religiosas podem sufocar a liberdade da fé, julgando o fiel que está vivendo sua fé.

1.2. Um primeiro passo da consciência de sujeito

Eis uma primeira questão que o fiel de hoje se levanta: como posso pessoalmente crer? Por que e como devo aceitar uma Revelação que vem de fora? Como acolher essa Revelação sem renunciar a minha autonomia, minha liberdade pessoal?

Essas perguntas só se entendem se feitas por um fiel que se experimentou em choque com a tradição cultural impositiva e se libertou dela. É um processo que se torna cada vez mais comum e abrangente. Isso significa mudanças fortes na família, na sociedade, na cultura, na religião.

A família patriarcal impunha-se na sociedade tradicional. A etimologia do termo já indica o seu princípio organizador. "Patriarcal" = *pater* (pai) + *archè* (princípio). O pai funcionava como o princípio de poder, de organização, de sustento, de autoridade na família. Portanto, poder monocêntrico e masculino. Tanto a esposa (mãe) como os filhos se submetiam a esse princípio de autoridade. A autoridade não precisa dar argumento, não fala à experiência dos súditos. Dá ordem. Tanto a rebelião dos jovens quanto a emancipação da mulher corroeram essa família patriarcal. Doravante, leva-se em consideração as vontades, os desejos, as experiências dos membros da família. Em lugar do "mandato", o diálogo.

O mesmo processo afeta a escola. A escola aristocrática, tradicional centrava-se na autoridade do educador. O aluno simplesmente cumpria os regulamentos impostos. A escola moderna introduz lentamente a participação de toda a "comunidade educativa". Só esse conceito já denuncia uma mudança de mentalidade. Já há muitos casos, nas escolas do Estado, em que a diretoria é eleita pelo conjunto dos alunos e funcionários. Em termos de consciência de si, de personalidade, significa que as crianças percebem desde pequenas que sua vontade, liberdade, experiência contam na configuração de uma realidade objetiva, que é a escola.

As pessoas, na sua liberdade e consciência, firmam-se diante do poder político. Nos regimes absolutistas e autoritários, as ordens e decisões vinham de cima. Nas democracias, mesmo frágeis e claudicantes, as pessoas percebem que elas contam, de certa maneira. Constituem-se fonte de poder, de possibilidade de mudanças, de escolha. A modernidade filosófica tenta captar em profundidade a raiz última desse movimento. É a autonomia — poder interno — das pessoas que surge diante da heteronomia — poder externo — do patriarca, do educador, da autoridade.

A Ilustração

Esclarecimento (Aufklärung) é a saída do homem de sua menoridade, da qual ele próprio é culpado. A menoridade é a incapacidade de fazer uso de seu entendimento sem a direção de outro indivíduo. O homem é o próprio culpado dessa menoridade, se a causa dela não se encontra na falta de entendimento, mas na falta de decisão e coragem de servir-se de si mesmo sem a direção de outrem. "Sapere aude!" Ter coragem de fazer uso do próprio entendimento, tal é o lema do esclarecimento. [...] Para esse esclarecimento, porém, nada mais se exige senão liberdade. E a mais inofensiva dentre tudo aquilo que se possa chamar liberdade, a saber: a de fazer um uso público de sua razão em todas as questões. Ouço, agora, porém, de todos os lados: não raciocineis! O oficial diz: não raciocineis, mas exercitai-vos! O financista exclama: não raciocineis, mas pagai! O sacerdote proclama: não raciocineis, mas crede! (Um único senhor no mundo diz, raciocinai, tanto quanto quiserdes, e sobre o que quiserdes, mas obedecei!) Eis aqui por toda parte a limitação da liberdade (Beantwortung der Frage: Was ist Aufklärung: 5. XII.1783, de: I. Kant, *Textos seletos*. Petrópolis, Vozes, p. 100ss).

Esse nível maior de consciência, de decisão por si mesmo alcança o campo religioso. Momento difícil para a fé. A Reforma Protestante deu mais ênfase à dimensão subjetiva da fé. Ao estatuir a famosa trilogia *"sola fide, sola gratia, sola Scriptura"* — somente pela fé, pela graça e pela Escritura —, os reformadores contemplavam a fé fiducial, de confiança e entrega, a graça atribuída ao indivíduo e a Escritura lida pela pessoa. A Igreja Católica, como acontece normalmente nas polêmicas, enfatizou o pólo oposto do dogma, das obras, da autoridade interpretativa do magistério, da tradição. Com isso, o católico continuou numa acentuada atitude de dependência, de acolhida de dados objetivos e de menor consciência de sua autonomia, de sua liberdade. A Igreja acentuava sobremaneira os contornos visíveis e objetivos da pertença à Igreja.

A Igreja como a República de Veneza
O cardeal Bellarmino (1542-1621) definiu, em termos bem marcantes, o caráter visível da Igreja.

"Para que alguém possa ser declarado membro dessa Igreja verdadeira, da qual falam as Escrituras, não pensamos que dele se peça nenhuma virtude interior. Basta a profissão exterior de fé e de comunhão dos sacramentos, coisa que o próprio sentido pode constatar... A Igreja é uma comunidade de homens tão visíveis e palpáveis quanto a comunidade do Povo Romano ou o Reino de França ou a República de Veneza" (Y. Congar, *L'Église de St. Augustin à l'époque moderne.* Paris, Cerf, 1970, p. 373 col. *Histoire des dogmes* 20).

A história da modernidade continuava inexorável no avanço da consciência de liberdade e autonomia. O conjunto da Igreja não podia furtar-se a tal influência. Brotavam dentro da Igreja, por todas as partes, movimentos que valorizavam o papel do sujeito. O movimento litúrgico despertou as pessoas para a participação nas celebrações; o movimento bíblico assimilou muitos elementos da exegese protestante e das ciências, superando os resquícios de fundamentalismo; o movimento social incorporou "as coisas novas" do mundo da industrialização, do proletariado, dos sistemas de produção;[11] o movimento patrístico recuou aos escritos dos Padres da Igreja, revitalizando uma teologia escolástica esclerosada; o movimento querigmático trouxe para dentro da pregação o ar fresco da atualidade; o movimento dos leigos iniciou a lenta superação de um clericalismo arraigado e prepotente; o movimento ecumênico deu os primeiros passos de aproximação com os irmãos evangélicos.

Para a reinterpretação da fé, o movimento teológico cumpriu papel relevante. Passou por muitos momentos, sofrendo restrições e cerceamentos. A França acalentou a esperança da renovação. Lá fermentavam as idéias. Um cientista filósofo com preocupações teológicas, Teilhard de Chardin, insuflou novos ares. Tudo anunciava uma profunda transformação da teologia. J. Daniélou traçou as idéias centrais do programa.

A "Nova Teologia"
A teologia de hoje tem diante de si uma tríplice exigência:

Ela deve tratar Deus como Deus, não como objeto, mas como o sujeito por excelência, que se manifesta quando e como ele quer e, em conseqüência, ser primeiramente penetrada pelo espírito religioso;

Ela deve responder às experiências da alma moderna e levar em conta as dimensões novas que a ciência e a história deram ao espaço e ao tempo, que a literatura e a filosofia deram à alma e à sociedade;

Ela deve, enfim, ser uma atitude concreta diante da existência, uma resposta que engaja o homem inteiro, à luz interior de uma ação na qual a vida se joga totalmente.

A teologia não será viva a não ser que responda a essas aspirações (J. Daniélou, Les orientations présentes de la pensée religieuse, in *Études* 249 (1946) 7).

---

[11] Considera-se o início da Doutrina Social da Igreja a Encíclica de Leão XIII, cujo título é, precisamente: *Rerum novarum – Das coisas novas* (1891).

Esses movimentos, que anunciavam a entrada de uma vivência mais pessoal da fé católica, desembocaram no Concílio Vaticano II. Este foi o maior evento eclesial da Igreja Católica no século XX. Convocado pelo Papa João XXIII, teve seu início em 1962 e concluiu-se em 1965. A modernidade fazia a entrada solene na Igreja. Experimentou-se no seu interior a "virada antropocêntrica", a irrupção do sujeito. Já não se podia mais pensar a fé cristã no seio da Igreja Católica, sem levar em consideração o mundo interior das pessoas. Isso aparece sob diversas formas. Diante dos dados do dogma e da moral, até então vistos quase exclusivamente na sua objetividade universal e idêntica, o fiel passou a perguntar sem medo: o que eles significam para mim? Como podem ser vivenciados e praticados por mim?

Essa primeira onda de autovalorização de si mesmo trouxe profundas modificações na liturgia, na leitura da Escritura, nas práticas morais dos fiéis, na consciência da própria fé. Passava-se sem mais da tradição para a decisão. As tradições mantinham sua relevância somente e à medida que respondiam às condições existenciais dos fiéis. As pessoas, de agora em diante, em qualquer campo que seja, resistirão às imposições, às autoridades arbitrárias, às obrigações impostas de fora, que não lhes atendam às condições subjetivas.

1.3. O segundo surto da subjetividade

A esquerda política, e também a cristã, pouco a pouco, tomou distância dessa primeira eclosão da subjetividade. Não a negava, mas desconfiava de muitas de suas manifestações, como expressão da sociedade burguesa. Não se tratava, sem mais, da modernidade, mas da burguesia. Devia-se partir para a segunda Ilustração.

Segundo momento da Ilustração
É importante distinguir dois momentos no movimento de Ilustração... Esses dois momentos podem ser simbolizados pelos nomes de Kant e Marx... Esse primeiro momento da Ilustração... pretende libertar-se de todo dogmatismo, incluído o da Escritura, e libertar a consciência humana de toda prescrição religiosa externa a ela.

O segundo momento da Ilustração não concebe a libertação como autonomia da razão, da qual supostamente se desprende a libertação total do homem, mas sim pretende diretamente a libertação da miséria da realidade, o que exige não só uma nova maneira de pensar, agora autonomamente, mas também uma nova maneira de agir (J. Sobrino, El conocimiento teológico en la Teología Europea y Latinoamericana, in Encuentro latinoamericano de Teología; liberación y cautiverio. Debates en torno al método de la teología en América Latina, México, 1975, p. 180ss).

A segunda Ilustração na militância política e em muitas atividades pastorais da Igreja da Libertação recalcou, com freqüência, o lado afetivo, emocional, místico das pessoas. A libertação social das situações de injustiça assumiu tal caráter de urgência e gravidade que levou a descuidar-se da face espiritual e religiosa das pessoas, do povo. Enquanto o idealismo político e pastoral brilhava no horizonte, ele dinamizava motivação libertadora das pessoas.

A queda do socialismo, as derrotas populares, "o fim da história",[12] a morte das utopias,[13] o desânimo diante da impossibilidade de mudar um regime cada vez mais adverso aos interesses do povo, a onda neoconservadora no interior da Igreja[14] e tantas outras razões têm levado a abandonar a vida de compromisso e a entregar-se a um individualismo exaltado.

Explode uma segunda onda de subjetividade. Bem diferente da anterior, que se firmava na sua liberdade e autonomia diante da tradição, das autoridades. Agora, é uma subjetividade mais individualista ainda, narcisista, com certo tom de cepticismo, desilusão e cansaço. A sua melhor parte migrou para o espaço religioso. Aí ela substituiu a militância pela mística, o comício pela oficina de oração, em vez da ciência e tecnologia, optou por uma Nova Era de harmonia com a natureza.

Essa subjetividade comporta-se ambiguamente diante da fé cristã. Parece ressuscitar práticas religiosas esquecidas. Cria outras. Produz um festival de formas religiosas desde as mais tradicionais até as mais esotéricas e exóticas. Isso não significa necessariamente um fortalecer-se da fé cristã. Pelo contrário, não raramente a fé se esmaece e se ofusca diante da luminosidade e do sonido de expressões religiosas coloridas e barulhentas.

Este momento presente exige discernimento e clareza para que o cristão não se engane, confundindo a explosão religiosa com a vivência da fé cristã. Muito desse fenômeno religioso tem de protesto, de desilusão em relação ao compromisso social com a libertação dos pobres. Não se trata de um aburguesamento no sentido ideológico, mas de uma renúncia desiludida de mudar a realidade, entregando-a às novas forças do neoliberalismo globalizado.

1.4. Em busca de um terceiro momento

Essa subjetividade exacerbada protesta contra a pressão que sofreu, sobretudo depois da Segunda Guerra, por parte das forças de esquerda. Um espírito libertário, encarnado na utopia socialista, galvanizou milhões e milhões de pessoas. Muito heroísmo foi desprendido nas lutas de libertação dos povos, das classes, em nome da igualdade, por uma solidariedade internacional dos pobres, dos operários.

---

[12] Fukuyam, F. *O fim da história e o último homem*. Rio de Janeiro, Rocco, 1992.
[13] Marcus, H. *Das Ende der Utopie*. Berlim, Peter von Maikowski, 1967 [ed. bras.: Rio de Janeiro, Paz e Terra, 1969].
[14] *O neoconservadorismo;* um fenômeno social e religioso. *Concilium* 161 (1981) 1.

Toda essa história vê-se, de um dia para outro, ruir juntamente com o muro de Berlim. É verdade que houve momentos anteriores de desilusão com tal causa, mas a esperança dos países pobres, que sofriam a exploração do capitalismo, situava-se nesse horizonte socialista.

Decepções com o sistema comunista

Havia depois da Segunda Guerra Mundial um grupo de intelectuais europeus que se entusiasmaram com os ideais socialistas que estavam sendo implantados nos países do Leste. Suas primeiras decepções começaram com alguns fatos de violência do regime soviético:
- *Em outubro-novembro de 1956, em Budapeste, Hungria, houve uma insurreição popular que foi esmagada pelo Exército soviético.*
- *A chamada "Primavera de Praga", que consistiu numa tentativa de emancipação do regime comunista no período de janeiro a agosto de 1968, foi abortada pela intervenção armada de cinco países membros do Pacto de Varsóvia a 20/21 de agosto de 1968.*
- *A construção do muro de Berlim em 1961 para estancar as fugas de alemães do Leste para a Alemanha do Oeste causou terrível impacto decepcionante diante da truculência do regime soviético.*
- *O escritor russo A. Soljenitsyn retrata em suas obras os horrores do regime de Stalin. São obras de grande impacto no Ocidente, por terem sido escritas por um cientista e escritor.*

A subjetividade emerge no momento atual, rejeitando o passado e não acreditando no futuro. Fixa-se no presente. Perde a dimensão histórica. Sem história, não se constrói nenhuma realidade nova. Perpetua-se o momento presente. Subjetividade pobre.

2. A RECUPERAÇÃO DA DIMENSÃO SOCIAL

Faz-se necessário construir uma nova subjetividade que recupere a dimensão histórica. A subjetividade voltada unicamente para si adoece. O ser humano, como identidade em si mesma e distinta de toda outra realidade, protege sua individualidade. Não se perde em nenhuma outra. Possui riquezas e valores que o identificam. Nada lhe adiantaria tudo isso se não fosse reconhecido. Se vivesse sozinho numa ilha, sem nunca encontrar o espelho do outro, não conheceria a sua própria identidade.

O ser humano tece-se como uma rede de comunicações. Sabe-se pessoa, livre, consciente ao relacionar-se com as outras pessoas diferentes. Constrói sua subjetividade no interior de uma sociedade. Fora do horizonte cultural que esta lhe oferece, não consegue captar os sentidos das coisas. Estabelece com a sociedade uma relação que o constitui. A sociedade o precede no existir. Ele nasce para dentro dela. No entanto, não se comporta com ela como puro reflexo. Institui verdadeiro círculo aberto. A sociedade o faz e ele faz a sociedade. Sem esse movimento bifásico, não se entende a si mesmo.

A sociedade abre-lhe um espaço de limite e de possibilidades. Diz-lhe até aonde pode chegar. Não consegue atravessar suas fronteiras até um horizonte infinito. Seus pés prendem-se ao solo social. Entretanto, ela não o determina. Deixa-lhe espaços para a criatividade. Realidades novas, imprevisíveis, que ultrapassam o presente, as meras possibilidades estatísticas. Como liberdade, o ser humano não se limita ao puro estar-aí. Passeia dentro dos marcos sociais com seu mundo interior em construção.

Dois extremos falseiam-lhe a compreensão da interioridade. Um deles é a reclusão extrema em si mesmo, como se não existisse a sociedade. Risco que ronda no momento. A tentação de permanecer na pura satisfação de si e considerar a sociedade como lugar de autofruição. Vive-se na alienação. Ignorar a realidade em construção da sociedade e abster-se de inserir-se nesse processo termina por ser alienante. Simplesmente delega-se para outros tal tarefa, ausentando-se de tal compromisso. Em vez de nadar, se é arrastado pela correnteza.

O outro extremo responde à pretensão prometéica de julgar-se puro plasmador da sociedade. Crê-se absolutamente livre, autônomo, como se as próprias idéias e práticas fossem só suas. Esquece-se de que a cultura e a sociedade precedem e envolvem todos que nela se encontram. A pessoa humana tanto cria como é criada na sua relação com a cultura e sociedade. Ignorar um dos pólos é reduzir a complexidade do fenômeno humano social.

Aprofundando a relação entre subjetividade e sociedade, experimenta-se sadia tensão entre a consciência real e a consciência possível. Temos a consciência que temos. Poderíamos ter uma consciência mais evoluída, mais crítica, mais aberta? Sem dúvida. A consciência real se manifesta por inúmeros elementos: linguagem, práticas, símbolos, discursos etc. Como seres limitados, nossa consciência esbarra em limites.

A existência de uma "consciência possível" permite juízos mais acertados sobre a subjetividade. Que é, então, a "consciência possível"? É possível delimitá-la? A consciência possível, como sugere o termo, aponta para o limite histórico, social de nossa consciência. Revela sua natureza situada, contextualizada num momento da história e numa geografia que a impossibilitam de atingir níveis que só serão viáveis em outro tempo e em outra localização. Indica "a forma-limite: o máximo de conhecimento ou compreensão que um indivíduo, um grupo, uma classe social ou toda uma época podem alcançar sobre um problema, dados os condicionamentos que limitam sua visão".[15] De modo negativo, a consciência possível é aquele horizonte de conhecimento que não se consegue ultrapassar em determinado momento cultural.

---

[15] PALACÍN, L. *A crítica de Vieira ao sistema colonial;* um estudo da consciência possível. *Síntese Nova Fase* 5 (1978) 13, p. 31; GOLDAMNN, L., Conscience réelle et conscience possible, conscience adéquate et fausse conscience. In: *Marxisme et sciences humaines.* Paris, Gallimard, 1970, pp. 121-129.

Evidentemente não temos condição de traçar os contornos de nossa consciência possível. Outros amanhã o farão. Somos capazes de fazê-lo em relação aos nossos antepassados. De que maneira? Descobrindo no pensamento ou na prática de alguém um "hiato lógico". Consiste no fato de não se tirar uma conseqüência que pareceria lógica, mas que naquele momento ela não foi percebida.

S. Paulo escreveu a "Carta Magna" da igualdade de direitos em Cristo. Todos somos iguais nele. Deveria concluir que a escravidão não tem mais sentido, nem a submissão da mulher ao homem. Mas não foi assim. Comparemos os textos, que revelam que S. Paulo ficou preso dentro do horizonte da escravidão e da submissão da mulher.[16] Posto haja exegetas que diminuam esse contraste, ele revela, no entanto, o limite da consciência possível de S. Paulo.[17]

Antônio Vieira, o maior orador sacro da língua portuguesa, defendeu corajosa e intrepidamente a liberdade dos índios. Opôs-se radicalmente a sua escravização. Logicamente, deveria ter feito o mesmo em relação aos negros. No entanto, aceitou a sua escravidão e julgou-a necessária para a missão de Portugal. Viu nela até mesmo o caminho de salvação para os negros, uma transmigração da escravidão da África para a terra prometida do Brasil.[18]

3. A RECUPERAÇÃO DA HISTÓRIA

A modernidade, na sua fase mais avançada, chamada por muitos de pós-modernidade, concentra a atenção sobre o presente. As pessoas vivem de tal modo engolfadas na preocupação com os bens materiais e sua fruição que se desligam do passado e do futuro. O passado considera-se definitivamente superado em suas lições, advertências. O futuro não passa dos planos a curto prazo, a ponto de não merecer o nome de futuro. O presente torna-se realidade maior em torno da qual gira a vida das pessoas.

Morre a história. A história, "mestra da vida" na expressão de Cícero, reduz-se a um repertório de curiosidades. Com o jogo de imagens que a mídia manipula, o telespectador já não consegue distinguir se as cenas que vê são de ontem ou de hoje, ou mera ficção de um futuro imaginário.

---

[16] Textos a serem comparados: Gl 2,28; 1Cor 7,21; Ef 6,5-8; 1Cor 11,3; 1Cor 11,7-9; 1Cor 14,34-35; 1Tm 2,12-15.
[17] BAUMERT, N. *Frau und Mann bei Paulus;* Überwindung eines Missverständnisses. Würzburg, Echter, 1992. 264 p. [ed. bras.: *Mulher e homem em Paulo;* superação de um mal-entendido. São Paulo, Loyola, 1999].
[18] VIEIRA, A. Sermões pregados no Brasil: 27 sermão do Rosário. In: HOORNAERT, E; AZZI, R. et alii. *História da Igreja no Brasil;* ensaio de interpretação a partir do povo. Petrópolis, Vozes, 1977. 2 v. *Primeira Época,* pp. 329 e 348ss.

Baralham-se as dimensões do tempo. Além disso, a sucessão dos acontecimentos apresentada desenvolve-se em tal velocidade que não há memória que consiga situá-los num ciclo de tempo. As notícias de hoje aposentam rapidamente as de ontem.

A decepção com a história passada, o impacto da mídia, a cultura da propaganda e do descartável, as incertezas sobre o futuro referentes ao emprego e ao exercício da profissão, as estonteantes mudanças tecnológicas, a vida estressante das grandes cidades e tantos outros fatores colaboram para a desvalorização da história.

Entende-se facilmente o impacto de tal cultura aistórica sobre a fé cristã. Como religião, nada sofre. Antes, vê-se alimentada pela enchente de expressões religiosas da modernidade avançada. A religião se coaduna perfeitamente com o espírito do presente. Aquieta as angústias. Consola os corações. Agrada os sentidos. Desperta prazeres elevados. Tem tudo a ver com o momento presente.

A fé cristã insere-se na longa história da salvação. Entende-se unicamente em relação a fatos históricos dos dois Testamentos. Tudo começa com Abraão. O povo de Israel prepara a vinda do Messias. Jesus nasce para dentro da história. Seus discípulos entendem que devem continuar sua missão até o final dos tempos. A pessoa histórica de Jesus, a quem se procura seguir, ocupa o centro de tudo,

No momento em que a história se encurta, a figura de Jesus esvaece. Em seu lugar, surge um personagem sem contornos claros. Torna-se o mestre de uma bela doutrina. Exatamente o que a Nova Era faz. A encarnação redentora perde sentido. Em seu lugar, entroniza-se o Cristo cósmico, o Logos Solar, o Cristo-energia, o Espírito Crístico-Universal. Ele apresenta-se como o Mestre da Verdade que se reencarna em cada época zodiacal em mestres espirituais, como Buda, Krishna, Maomé. Jesus insere-se nessa galeria de mestres, mas, de modo nenhum, identifica-se total e exclusivamente com o Cristo. Os ensinamentos descolam-se de sua pessoa para serem vivenciados em qualquer outro contexto. Ele consumará a evolução em Aquário com o nome de Maitreya. Trata-se de um novo evangelho: o de Aquário, que sintetiza todas as tradições espirituais numa nova iniciação mística desse mesmo Cristo.

Morrem as utopias. Já vem de longo tempo o anúncio de sua morte.[19] Com a queda do socialismo e o reinado solitário do neoliberalismo, tal fato assume caráter de evidência. Todos os desejos se tornam possíveis pela magia da tecnologia. Não se precisa criar nenhuma alternativa quando o presente enche todas as medidas dos sonhos.

---

[19] MARCUSE, H. *A morte da utopia*. Rio de Janeiro, Paz e Terra, 1969 (Berlim, 1967).

Os anos avançam e a morte da utopia se revela um engodo. Mais do que nunca, tem-se o direito de desejar um mundo diferente do atual. O ser humano fora da perspectiva histórica se degrada. Ele só se constrói como ser livre, consciente, crítico em referência à história. O passado ensina. O presente prova. O futuro abre perspectivas utópicas. A fé cristã sente-se mal num mundo sem utopia. Ela é visceralmente escatológica porque antecipa no presente o futuro de Deus. Futuro que nunca deixará de ser futuro porque é de Deus. O presente se ilumina à luz desse futuro. A fé cristã refere-se necessariamente às três dimensões do tempo. O sacramento realiza aquilo que ela é.

As três dimensões do sacramento

Daí se entende que o sacramento é um sinal rememorativo do que precedeu, a paixão de Cristo; um sinal demonstrativo do que se realiza em nós pela paixão de Cristo, a saber, a graça; e prognóstico, isto é, preanunciativo da glória futura (Santo Tomás, *Summa Theologiae*, III, q.60 a.4c.).

4. A RECUPERAÇÃO DO COSMO

A relação com o corpo biológico material faz parte também do ser humano. Por ele, as pessoas se manifestam, se fazem presentes ao mundo. Antes, essa relação era vista de modo muito restrito, a saber, ao próprio pequeno mundo. Hoje se abrem novos horizontes. A cosmologia moderna evolucionista procura entender o ser humano em comunhão com esse gigantesco processo cósmico que se inicia no *big-bang* e chega a seu ponto alto no surgimento da matéria consciente e livre, o ser humano. O aparecimento do ser inteligente não fechou fisicamente o processo de expansão do universo. Este prossegue segundo as demonstrações do astrônomo norte-americano E. P. Hubble (1824-1953).

A astrofísica tem-se debruçado no estudo da evolução, refazendo o itinerário do hoje até o momento inicial em que tudo começou. Segue datando o surgimento de estrelas monstruosas, que vão dando origem a sempre novas gerações de estrelas. Nesse universo estelar, cozinham-se os elementos que vão constituir todos os corpos materiais, inclusive o nosso. Descobrimos uma maravilhosa irmandade em todo o cosmo. Não somos nenhuma peça estranha, introduzida no seu interior pelo Criador. Não. No grito inicial do cosmo, já estávamos no projeto evolutivo como momento interno.

Nossa comunidade cósmica

Nós somos, como partes do universo, todos irmãos e irmãs: as partículas elementares, os quarks, as pedras, as lesmas, os animais, os humanos, as estrelas, as galáxias. Há um tempo, estávamos todos juntos, sob forma de energia e partículas originárias, na esfera primordial; depois, dentro das estrelas vermelhas gigantes; em seguida, em nossa Via Láctea, no Sol e na Terra. Somos feitos dos mesmos elementos. E como seres vivos, possuímos o mesmo código genético dos outros seres vivos, das amebas, dos dinossauros, do tubarão, do mico-leão-dourado, do australopiteco, do homo sapiens-demens contemporâneo. Um elo de fraternidade e sororidade nos une objetivamente, coisa que São Francisco, no século XIII, intuiu misticamente. Formamos a grande comunidade cósmica, um mesmo destino comum (L. Boff, *Ecologia;* grito da terra, grito dos pobres. São Paulo, Ática, 1995, p. 77).

Assim foi. Na escuridão cósmica, acendeu-se a luz do espírito, que se expressou no corpo organizado do ser humano. Sem negar em nada a sua origem cósmica, ao ser humano é acrescentada a consciência. Forma mais perfeita de vida. A. Tippler define a vida pela informação. Toda vida é informação, embora nem toda informação seja vida. Nada do sistema de informação criado pelos cientistas da computação se compara com a pequenez do cérebro de uma criança recém-nascida. Nela se processam mais dados do que em todos os megacomputadores do mundo.

5. A FÉ INTEGRADORA DA EXPERIÊNCIA

Somos um sujeito muito complexo. Em confronto com a tradição inquestionável, com a natureza dominadora, com a autoridade impositiva, tomamos consciência de que somos sujeitos livres, emancipados. Fazemos valer nossa própria experiência, nossa maneira de pensar, julgar, agir.

Aconteceu, porém, como vimos, que tal descoberta de nossa individualidade estava muito ligada aos valores burgueses. E, em nome do compromisso social, da luta transformadora da realidade, recalcamos essa nossa face afetiva, emocional, fruitiva.

Tudo o que é recalcado, mais cedo, mais tarde, explode. Assim, de fato, esse lado subjetivo, reprimido, reage contra a pressão dos compromissos sociais, jogando-os pelos ares. De novo, vive-se mais intensamente ainda a valorização do lado subjetivo e afetivo com a rejeição dos envolvimentos sociais.

Impõe-se repensar esse surto emocional, individualista, hedonista. Já se anuncia o início de um novo momento mais integrado, em que se mantém essa onda subjetiva, mas buscando inserir nela as dimensões sociais, históricas e cósmicas.

A fé cristã, na sua vivência, acompanhou tal processo. Para tanto, teve de reformular-se várias vezes, sempre em suas fontes mais puras, mas dentro da realidade cultural. Esse trabalho não se fez sem conflitos.

A fé cristã tinha-se prendido excessivamente à tradição e às autoridades externas. Os questionamentos, que surgiram da tomada de consciência da relevância das experiências pessoais, foram malvistos. O magistério da Igreja tinha preferido acentuar o lado objetivo da verdade imutável, guardada por ele. Parecia não haver campo para as interrogações pessoais, para as descobertas do sujeito, para a liberdade.

A fé tradicional parecia negar a liberdade da consciência das pessoas, porque se entendia como submissão a uma Revelação de Deus, vinda de fora e sobre verdades que a inteligência não podia conhecer. Dessa maneira, o ser humano se despojava de sua capacidade de compreensão e aceitava a verdade imposta por uma autoridade externa.

Uma nova compreensão da Revelação possibilita manter os dois pólos da verdade: a liberdade, como autonomia da criatura, e a gratuidade de Deus ao revelar os mistérios de sua vida.

Todos fazemos a experiência de amizade. Ninguém se sente ameaçado em sua liberdade quando o amigo lhe revela algo misterioso de sua vida pessoal que nunca saberíamos se ele não nos tivesse comunicado. E essa Revelação do amigo traz para nós implicações de compromisso, de acolhida, de adesão, de resposta. Isso pertence à condição de todos os seres humanos. E muitas vezes apostamos muito de nossa vida nesse testemunho, nessa confidência. Que digam os esposos e os verdadeiros amigos! Essa fé humana faz parte de nossa experiência de convívio humano. Ninguém vai dizer que isso violenta nossa liberdade e autonomia. Rompe, sim, nosso individualismo doentio, nosso egoísmo fechado, nossa autocentração e nosso isolamento. A Revelação do outro, o testemunho de uma vida que nos move e comove nos salvam de nosso fechamento enfermiço.

Em termos de fé cristã, fazemos experiência semelhante. Deus não nos violenta a liberdade. Manifesta-nos lampejos de sua intimidade. Tanto mais importante e libertadora se faz tal comunicação de Deus quanto ele, sendo criador, permite que descubramos em nós reflexos dele. Aqui está o ponto central do cruzamento entre a transcendência de Deus e a nossa condição de criatura.

Alguns pensam Deus numa total e absoluta diferença em relação às suas criaturas. Nesse caso, as suas comunicações soam extrínsecas, estranhas e violentadoras de nossa realidade. Chegou-se até mesmo a dizer: "Creio porque é absurdo"! "Não entendo nada, mas Deus disse"! Usa-se freqüentemente a palavra "mistério", precisamente para significar algo absolutamente ininteligível, mas em que se deve aceitar. Não há outro jeito.

Nesse caso, a Revelação apresenta-se como algo arbitrário com respeito à nossa consciência e liberdade. Essa era uma compreensão comum da Revelação. Com a descoberta de nossa própria capacidade de decisão, de entender, de valorizar as próprias experiências, acabamos por ter dificuldade de conservar tal concepção.

Há outra maneira de pensar Deus e sua comunicação conosco. Deus está em casa, no mundo e na sua relação com as criaturas. Ele as criou, as fez e as conhece na sua intimidade. Basta recordar a beleza do Salmo 139.

Salmo 139 (138)
Senhor, tu me sondas e me conheces:
sabes quando me sento e quando me levanto,
de longe vês meus pensamentos.
Estabeleces minha caminhada e meu descanso
e cuidas de todos os meus caminhos.
Não chegou a palavra à minha língua,
e tu, Senhor, já a conheces toda.
Abranges meu passado e meu futuro,
e sobre mim repousas tua mão.
Tal conhecimento é para mim demasiado misterioso,
tão sublime que não posso atingi-lo...[20]

Se assim somos, tudo o que Deus revela de si toca-nos profundamente. Fala de nós também. Porque somos criaturas suas. Quanto mais entendermos de Deus, mais nos conheceremos a nós mesmos. E também quanto mais nos aprofundarmos no conhecimento de nós mesmos, mais mergulharemos no ser de Deus. Sabemos mais. Deus não só nos criou. Chamou-nos a uma intimidade profunda com ele. Esse chamado vem do Deus que cria, do Deus que faz o ser humano existir como ser humano. E o ser humano existe, portanto, orientado fundamentalmente para uma intimidade com Deus, por puro amor e graça de Deus.

Tudo o que Deus revela desse seu projeto de amor pertence à nossa própria condição e história humana atual. Nada é estranho a ela. A Revelação não violenta nossa intimidade, nossa interioridade, nosso mundo totalmente pessoal. Antes, ilumina-o, dá-lhe consistência, explicita muitos sentimentos, desejos, buscas que ficariam na penumbra sem a luz da Revelação.

Deus criou-nos livres. Nossa liberdade exerce-se em seus momentos maiores quando se refere a Ele. Ela é precisamente essa capacidade de poder responder ao Deus que se comunica conosco. Realiza-se como liberdade quando e à medida que se põe em atitude de acolhida e resposta aos toques de Deus.

Em nosso ser já não estão somente os códigos genéticos que comandam todo o funcionamento do nosso organismo, mas, por assim dizer, os códigos de Deus já desde o aparecimento dos primeiros homens e mulheres. Mais: naquele instante do *big-bang* Deus inscreveu quatro realidades: vida, espírito, Encarnação do Verbo e Ressurreição gloriosa.

Tudo o que a Revelação disser sobre vida, espírito, Encarnação e Ressurreição estará iluminando a trajetória evolucionista. Não vem suprir a inteligência humana nas suas pesquisas, nem se sobrepõe a ela. Conjuga-se com o esforço elucidativo das ciências, dando-lhes sentido maior e mais profundo, desvendando-lhes interrogações, esclarecendo-lhes inquietudes.

---

[20] Sugerimos que você localize em sua Bíblia o Salmo 139 (138) e continue sua leitura, com mente e coração abertos.

A Revelação, no seu conteúdo, corre por dentro da história humana. Quanto mais a penetramos, mais se nos torna clara a trama da existência dos homens e mulheres. Entretanto, alguém poderá perguntar: a Revelação não foi uma intromissão de Deus na autonomia da nossa história?

Deus procede comparativamente como um psicanalista. Ele percebe algo da verdade profunda de uma pessoa. De repente, no-la diz. Assim Deus nos diz aquilo que já somos pelo seu próprio ato criativo e pelo seu chamado salvífico. Alguém pode retrucar dizendo que, mesmo não havendo violência no conteúdo, por ele ser compatível com as nossas experiências, pode, contudo, ser uma intromissão o fato de dizer. O psicanalista é procurado pela pessoa. E nós não pedimos nenhuma Revelação. A iniciativa foi totalmente de Deus. Nisso ele estaria violentando a nossa independência. Não teria sido mais respeitoso da parte de Deus se ele nos deixasse descobrir essas verdades. Se forem nossas, um dia chegaríamos lá.

Deus seguiu a pedagogia de todo bom mestre. Conjugou a busca do discípulo com a palavra certa na hora certa. O professor "bancário", que tira de seu depósito todas as moedas do conhecimento e as dá aos alunos, procede paternalisticamente e é pouco atento ao crescimento do discípulo. Deus não fez e não faz assim. Não arrancou do tesouro infinito de sua ciência uma série de verdades e entregou-as à humanidade. Não.

Deus é o pedagogo por excelência. Vai aonde as pessoas estão. Dentro do contexto de suas experiências, dentro do horizonte de suas compreensões, inspira alguém que formule de modo claro, preciso, aquilo que está vivendo. Faísca que acende madeira seca. Brota o fogo da percepção. Imaginem a cena bíblica a seguir.

Lá no Egito, os hebreus penam sob a tirania do faraó. Oscilam entre conformismo e rebeldia, entre acomodação e busca de libertação. Sentem a contradição do medo e da coragem. Eis que pela força organizadora de Moisés, homem preparado na dupla experiência da corte e das agruras do deserto, e visceralmente ligado a seu povo, encetam a epopéia da libertação em direção ao deserto, com todas as peripécias que tamanha façanha implica. Tudo teria ficado registrado nos anais de escritos puramente históricos. Não haveria nada de Revelação divina. Pura política, pura estratégia de guerra.

Em certo momento, Moisés percebe na sua mais profunda convicção que eles não teriam tido a força para realizar tudo isso se um Ser superior não estivesse estado presente com eles, à frente deles. Tal percepção torna-se clara. Explica-lhe as hesitações, as fraquezas, mas, no final, o triunfo da coragem. Moisés volta-se ao povo. Diz-lhe que toda aquela gesta só se tornou possível pela presença de um Deus que se revela no seu agir, na sua companhia junto ao povo. Portanto, tudo veio de Javé, — Aquele que é, Aquele que está com. Aquele que sempre estará com seu povo. Ao dar essa explicação ao povo, ele reconhece nela sua experiência. Aí temos os dois elementos — Revelação e experiência do povo — já não em conflito e oposição, mas em articulação. Houve Revelação, e de Deus. Algo que Moisés e o povo não teriam alcançado se não fosse a percepção inspirada de Moisés e sua comunicação ao povo. Nem o povo teria entendido e reconhecido, se não tivesse vivido a experiência da libertação em toda sua ambigüidade a ponto de poder atribuir a Deus a última razão do processo. É verdadeiro processo maiêutico.

Maiêutica histórica

A palavra reveladora chega certamente de "fora" — fides ex auditu (a fé vem de ouvir: Rm 10,17) —; mas também [...] aquilo que se pretende é justamente "trazer à luz" a realidade mais profunda do sujeito: seu próprio ser, radical e ultimamente determinado por Deus. E uma vez que essa determinação pertence à constituição do ser concreto do homem — o homem como ser-desde-Deus-no-mundo —, a Revelação não rompe a imanência, mas a desvela enquanto fundada na transcendência... A função da palavra como maiêutica consiste justamente em fazer a pessoa "se aperceber" do sentido que estava já aí, lutando por se fazer sentir por meio da ambigüidade da história: o profeta é o homem que descobre a presença na qual todos já estão vivendo e mesmo, de algum modo, pressentindo (A. Torres Queiruga, *A Revelação de Deus na realização humana*. São Paulo, Paulus, 1995, p. 410).

Moisés, no caso do Êxodo, exerceu uma função de pedagogo de Deus em relação ao povo. A experiência, que os hebreus fizeram, ficou iluminada pela sua intervenção explicativa. Olhando todo o povo de Israel e em respeito aos outros povos, ele cumpre também uma missão pedagógica. Ao explicitar as suas experiências históricas, político-proféticas, sapienciais, amorosas, cúlticas, apocalípticas, à luz da experiência religiosa de Deus, o povo hebreu se tornou o grande pedagogo da humanidade. Esse é o sentido mais profundo de sua eleição, da denominação de povo escolhido. Todo o Antigo Testamento é Revelação de Deus, não porque lá se encontra um arsenal de verdades reveladas por Deus às quais todos têm de aceitar. É Revelação porque existe uma Palavra de Deus que ilumina a experiência do povo hebreu, e essa experiência assim iluminada torna-se chave de interpretação fidedigna para todas as outras experiências históricas. E essa interpretação, no fundo, se percebe como um reconhecimento em nossa história da ação do mesmo Deus que agiu em Israel.

Reflexão semelhante vale no Novo Testamento, com muito mais força. Jesus, sendo o Filho de Deus feito homem, inserido na nossa história, foi nomeando as experiências humanas que ele viveu e com que ele conviveu. Quando perdoa a mulher adúltera, faz-nos entender que nossa experiência de perdão nos aproxima de Deus, vem inspirada por Deus, enquanto nossos ódios nos afastam dele. Experimentamos ambas as realidades: perdão e ódio. Deus está do lado do perdão. Tal comunicação violenta nossa intimidade ou, pelo contrário, ilumina-nos o caminho da felicidade?

6. A FÉ INTEGRADORA DA HISTÓRIA, DA SOCIEDADE E DO COSMO

A fé cristã será tanto mais plena, mais própria do ser humano, quanto mais ela incorporar suas dimensões. A fé cristã mostra como a história pode ser assumida pela Revelação. O exemplo de Moisés faz-nos ver com evidência tal realidade. Todos os eventos históricos, — não só aqueles para os quais houve uma Palavra explícita de Deus, desvelando-lhes o significado — podem ser iluminados pela Revelação. É na história que vivemos a fé. Nenhum acontecimento escapa de sua iluminação. "Tua palavra é uma lâmpada para meus passos, luz para meus caminhos" (Sl 119,105).

A fé se empobrece e se acanha, se se restringe ao âmbito puramente individual, afetivo e emocional da pessoa, descurando sua dimensão histórica e social. A fé bíblico-cristã teve seu nascimento no interior da história de um povo; é, portanto, social e histórica.

Na sua articulação com a história e sociedade, a fé cumpre duas funções importantes. Permite vê-las à luz de Deus e, assim, pode agir conforme tal percepção. É o momento privilegiado do julgar, antecedido do ver e seguido do agir. Sem esses aspectos, ela se empobrece.

Quanto mais a fé cristã assumir a história e a dimensão social no seu interior, mais fiel será à Revelação que se fez na história e no seio de um povo e de uma comunidade. A Revelação bíblica vincula-se radicalmente à história. Arrancando-lhe essa dimensão, perde consistência. Transforma-se numa ética ou moral, ou simplesmente assume expressões religiosas consoladoras das pessoas.

A subjetividade pós-moderna tem dificuldade com a história e a sociedade. Prefere fechar-se na solidão do indivíduo. No entanto, somente integrando nela a história e a sociedade poder-se-á responder coerente e corretamente à Revelação bíblico-cristã.

A Revelação bíblica casa-se também com a consciência ecológica. As primeiras páginas da Escritura começam com uma belíssima narrativa cosmológica, não para transmitir conhecimentos científicos, mas para conferir um significado ao conjunto do cosmo, da história humana, da vida de cada um. Numa forma mais cúltica que simplesmente narrativa, o relato da criação coloca as bases primeiras e a cúpula última do edifício de sentido para a totalidade da realidade.

A primeira frase já é uma pérola de literatura. Forte, concisa. "No princípio Deus criou o céu e a terra" (Gn 1,1). As ciências esbarram com um princípio de explosão, de expansão: o *big-bang*. A fé toca a realidade anterior: Deus. Daí vem toda luz, todo sentido, toda clareza, toda compreensão. Seria longo percorrer versículo por versículo, descobrindo neles as experiências arquetípicas que os povos e as pessoas fazem em sua vida na relação com o cosmo, o mundo, a natureza. O deserto, o vazio, o abismo, o sopro (Espírito) da vida, a força da Palavra que diz e faz, a luta entre trevas e luz, a separação entre o celeste e o terrestre, entre o sólido e o aquoso, o brotar das vidas até o momento maior do homem e da mulher, criados à imagem e à semelhança de Deus.

A fé cristã entende, como nenhuma outra, a comunhão profunda do ser humano com todo o cosmo, que surgiu antes dele, como palco para sua história. O homem feito do limo e a mulher da carne exprimem essa comunhão com a terra e com a vida.

O cristão extasia-se sereno diante da sinfonia do cosmo e sente-se em harmonia com todo ele. Nada da nova consciência ecológica abala a sua fé. Antes, confirma-a, amplia-a para espaços mais amplos e menos habitados.

A contribuição da fé do cristão da América Latina consiste, em todo esse processo de integração de experiência pessoal, sociedade, história e cosmo, em ter bem clara a posição do pobre. As relações sociais só serão humanas quando forem abolidas as discriminações, dominações e exclusões. A verdadeira leitura da história não se faz a partir dos vencedores e gloriosos, mas dos crucificados do mundo, começando por Jesus. O cosmo só será salvo se houver também uma ecologia social. E tudo isso acontece para o cristão como exigência de sua fé, já que o primeiro a pôr-se ao lado dos pobres é Deus Pai com seu Filho Jesus.

Resumindo

• *A fé é graça e é ato da liberdade humana. A liberdade humana se entende diferentemente ao longo da história. Percorrendo o itinerário dessa liberdade, percebemos que ela se experimenta na modernidade em três momentos diferentes no interior da descoberta da subjetividade. A subjetividade é toda interioridade do ser humano que se faz sujeito de valores e significados, interpretando o mundo que a cerca. No início da modernidade, essa subjetividade se opôs às tradições impositivas. Depois, noutro momento, ela viveu um período de recalque por causa da pressão de teorias e práticas sociais. Então se rebela mais uma vez em forma de um individualismo exacerbado. E esse surto de subjetivismo pós-moderno necessita ser superado por uma articulação integrada com a história, a sociedade e a nova compreensão do cosmo. Nessas três perspectivas de subjetividade, a fé cristã se exprime. A proposta pastoral hoje é encontrar uma expressão de fé que valorize a subjetividade na pujança moderna e pós-moderna, enriquecida tanto pela dimensão histórica e social quanto pela nova consciência cósmica.*

> **Aprofundando**
>
> Uma vez vista a proposta pastoral de construir a fé num contexto de uma subjetividade integrada na história, sociedade e consciência cósmica, como crer num mundo de tantas crenças?
>
> **Perguntas para reflexão e partilha**
>
> 1. Em que consiste a tentativa de superar a exacerbação da subjetividade pós-moderna?
>
> 2. Tenho conseguido manter, na minha fé, as dimensões histórica e social?
>
> 3. Como articular uma prática pastoral que inclua a preocupação com os pobres e com a ecologia?

Bibliografia complementar

BOFF, L. *Ecologia, mundialização, espiritualidade*. São Paulo, Ática, 1993.

COMBLIN, J. A fé. In: *O Espírito Santo e sua missão;* breve curso de teologia. São Paulo, Paulinas, 1984. pp. 80-103.

LIBANIO, J. B. Itinerário da fé hoje; a propósito da teologia da fé. in: HACKMANN, G. *Sub umbris fideliter.* "Festchrift" em homenagem a Frei Boaventura Kloppenburg. Porto Alegre, Edipuc-RS, 1999, pp. 185-214.

Capítulo terceiro

CRER NUM MUNDO RELIGIOSO

Se compreendes, não é Deus.
Santo Agostinho

Paradoxal. Ontem, um mundo secularista, caminhando para o ateísmo, desafiava a fé cristã. Dos calabouços nazistas, o pastor protestante D. Bonhoeffer anunciava: "Passou o tempo da religião".[1] Os sociólogos e teólogos previam uma comunidade pequena de cristãos. K. Rahner escrevia sobre a "Igreja em diáspora". J. L. Segundo dedicava-se a formar grupos menores de leigos. O modelo da Ação Católica Especializada parecia responder melhor a esses novos tempos de uma presença-fermento numa sociedade cada vez menos religiosa. A década de 1970 apagou as luzes, anunciando uma era secular.

Saudava-se com alegria esse momento em que a fé cristã se tornaria mais autêntica, vivida com maior responsabilidade, consciência e clareza por menos pessoas. A religiosidade popular, primitiva e carregada de superstições e mitos, desfazia-se ao embate da modernidade imperante. A devastação da religiosidade popular previa-se cada vez maior pela força da urbanização, industrialização. Vários deixaram de ter em poucas décadas a gigantesca maioria de habitantes no campo, acostumados a uma prática religiosa regular e envolvidos por uma cultura tradicional católica, e passaram para uma cultura urbana, sem referências religiosas.

Sem dúvida, houve queda acentuada de prática religiosa em determinado momento. Tudo parecia anunciar que a tendência inical se confirmaria e se reforçaria. Contudo, a última década do século desmentiu rotundamente tais prognósticos. P. Berger, que dedicara um estudo à secularização no final da década de 1960[2] retoma o tema em outra perspectiva bem diferente. Trata da fé numa época de credulidade.[3] Passou-se, portanto, da pergunta sobre como se pode crer num mundo de

---

[1] BONHOEFFER, D. *Resistência e submissão*. Rio de Janeiro, Paz e Terra, 1968. p. 130.
[2] BERGER, P. *The sacred canopy;* elements of a sociological theory of religion. New York, Anchor Books, 1969 [ed. bras.: São Paulo, Paulinas, 1985].
[3] BERGER, P. *Una gloria lejana;* la búsqueda de la fe en época de credulidad. Barcelona, Herder, 1994.

incredulidade para crer num mundo de excesso de credulidade. Que a fé cristã tem a dizer no meio de tanta religião? Na busca de resposta, cabe compreender bem a diferença e a proximidade entre a experiência religiosa e a experiência de fé e como o cristianismo historicamente cumpriu a função de ser, ao mesmo tempo, uma proposta religiosa e uma proposta de fé. E, em seguida, considerar-se-á como a Igreja Católica vive esta tensão entre as aspirações religiosas e as exigências da fé no coração do fenômeno religioso atual.

1. ALGUNS TRAÇOS DO FENÔMENO RELIGIOSO

Fenômeno mundial com cores diversas em cada país. Há crescente desinteresse pelas expressões religiosas institucionalizadas e uma busca de religiosidade de maneira individual e utilitarista. Isso confirma o panorama de diversificação religiosa. Há um misticismo difuso, eclético, esotérico que comumente se chama de Nova Era. Une-se a tudo isso um reencantamento da natureza. Não faltam reações fundamentalistas e integristas para completar o quadro.

Ultimamente, tem-se percebido que o mundo técnico e científico, que queria acabar com a religião, tem provocado uma reação oposta de reencantamento do mundo. As formas religiosas têm abundado, desacreditando os profetas que anunciavam a morte da dimensão religiosa do ser humano.

Sintomas de um futuro?

"Um declínio das crenças religiosas tradicionais e uma preocupação crescente pelo significado e proposta de vida."

"Uma religiosidade que põe a ênfase no indivíduo. A pessoa concreta, com seus gostos e sua capacidade de escolha, seria a que escolhe e determina o tipo de religiosidade."

"Uma religiosidade que passa pela experiência afetiva. Vale o que se experimenta; o sagrado, o religioso se torna válido se passa pelo teste da experiência pessoal, afetiva, emocional. Dará lugar a grupos e comunidades emocionais."

"Uma religiosidade que oferece uma salvação 'aqui e agora' que se tem de experimentar por meio da integração pessoal, o bem-estar corporal, psíquico e espiritual. Já se vê o caráter pragmático, utilitarista, individualista e temporal que tem esse tipo de 'salvação'."

"Uma religiosidade sem problemas de ortodoxia, na qual prima um forte ecletismo. Essa nova religiosidade está feita de retalhos obtidos de diversas origens; a ecologia e o pensamento científico supostamente último, o esoterismo e as tradições orientais, o Cristianismo e a psicologia transpessoal..."

"Uma religiosidade pós-cristã que deixou de lado o Cristianismo sem alarde nem agressividades, graças a uma valorização relativista da tradição cristã como uma entre muitas" (J. M. Mardones, ¿Adónde va la religión? Cristianismo y religiosidad en nuestro tiempo. Santander, Sal Terrae, 1996, p. 34ss).

Esboça-se assim nova paisagem religiosa com a ebulição religiosa. Em duas ondas diferentes, o pentecostalismo e o neopentecostalismo invadiram o mundo evangélico. A primeira onda atingiu os fiéis que vinham do campo e entravam no mundo anônimo da vida urbana. Serviu para criar laços de solidariedade entre os membros das igrejas, para oferecer um ponto de referência nos preceitos bíblicos, capacitando-os para enfrentar as agruras da nova vida da cidade. Conjugava-se a oferta de esperanças apocalípticas com promessas de bênçãos de Deus para as necessidades materiais. Mantinha-se, no entanto, um cunho bem espiritualista.

O neopentecostalismo, ao contrário, vai carregar o acento nos bens materiais. Dessa maneira, atrairá as pessoas para os cultos. Será feito um jogo bem explícito entre exorcismo do demônio, expressão e causa de toda a miséria que o povo sofre, e a bênção de Deus com suas promessas. Vai-se ao templo em busca da solução imediata dos problemas físicos, psíquicos, econômicos. Os mais pobres vão aos cultos porque lá são acolhidos. Podem falar, expandir-se, desopilar-se, jogar para fora os traumas, as dores físicas e psíquicas, de modo que saem aliviados. Em muitos casos, entram pessoas quebradas, alcoólatras, maridos que espancam suas esposas e filhos, sem esperança e sem futuro, e ressuscitam, ao contato com uma experiência religiosa de choque. Por isso, a maior presença se dá entre os mais pobres. C. Mesters escrevia que os mais pobres não estão nas CEBs, mas nas igrejas neopentecostais.

A falta de sentido tem atingido mais fortemente a classe média. Nela, a sede do mistério e da religião se manifesta de muitas formas, desde a busca de uma espiritualidade mais profunda até o contentar-se com experiências religiosas psicológicas e ecológicas. Fala-se de mística psicológica e cósmica.

Mística

É uma palavra que deriva de mistério. Mistério em seu sentido pessoal não significa o limite do conhecimento, mas o ilimitado em todo o conhecimento. Em todos os campos da experiência humana e cósmica topamos com o mistério. Ele é o outro lado e o profundo de toda a realidade. O órgão de sua captação é antes o coração que a mente. Pelo coração desenvolvemos a convicção de que, por detrás das estruturas da realidade, não vigoram o absurdo e o abismo, mas triunfam a ternura, a acolhida e o amor que se comunicam como alegria de viver, sentido de trabalho e sonho frutuoso de um universo de coisas e de pessoas, ligadas fortemente entre si e ancoradas no coração d'Aquele que se deixa experimentar como Pai e Mãe de infinita bondade" (L. Boff, *Ecologia, mundialização, espiritualidade*, cit., p. 139ss).

1.1. Mística psicológica

O mergulho religioso no eu profundo, com ajuda da psicologia de corte psicanalítico e transpessoal, tem trazido maior serenidade, autodomínic liberdade diante do hedonismo e materialismo atuais. Numa modernidade avançada, agitada por tanta pressa e premência de tempo, a paz, a tranqüilidade e o sossego interior propiciados por várias dessas formas religiosas atraem as pessoas. Uma sociedade neurotizante e estressante encontra nessas propostas religiosas enorme alívio. A vida moderna, com trabalho monótono e submetido a uma concorrência desvairada, dentro de uma cidade de tráfego enlouquecido e poluição asfixiante, tem desgastado altamente as pessoas. Nas grandes cidades, até o lazer tem sido contaminado pelas enervantes voltas a casa, na lentidão insuportável de congestionamentos gigantescos. Nada melhor que refugiar-se no mais primordial silêncio de si. E aí estão as ofertas religiosas plurais. Tem-se procurado criar ambientes naturais maravilhosos — montanhas ou proximidade do mar — com orientadores espirituais que propiciem essa viagem interior. Facilita-a uma determinada literatura interiorizante, hoje muito em voga. Sem dúvida, o sucesso excepcional de Paulo Coelho deve-se a sua genial maneira de permitir às pessoas fazerem itinerários interiores em busca de encontro pacificante consigo mesmas.

Há mais do que a busca de uma paz interior. Há sede de transcendência, não necessariamente de Deus. Antes, pelo contrário, é o ser humano que quer expandir suas potencialidades até o infinito, se for possível. Procuram-se técnicas de alargamento da consciência. Misturam-se práticas herdadas de tradições orientais e xamânicas antigas e procedimentos modernos ligados à eletrônica ou à química das drogas. Desenvolvem-se drogas que facilitem a experiência religiosa, aumentando a capacidade de interiorização e de concentração das pessoas, além de aguçar-lhes a sensibilidade e a atenção para as comunicações religiosas. Já há grupos religiosos entre nós que celebram usando a hoasca ou o vegetal, chá obtido a partir de duas plantas nativas. A bebida se chama também "santo-daime", nome que um dos grupos religiosos, que a adota, assume.

1.2. Mística cósmica

A outra onda de espiritualidade, em íntima sintonia com a anterior, recupera uma relação mais pura, imediata, inocente com a natureza. Se no movimento anterior se buscava um alargamento da consciência, neste se cultiva uma consciência planetária. Pode-se alcançá-la pelo simples gesto da conscientização de estarmos inseridos num gigantesco processo evolutivo. Essa consciência cósmica existiu mais forte nas culturas orientais, indígenas. O Ocidente, vítima do dualismo sacramentado por Descartes, tem muita dificuldade de inserir-se na consciência cósmica. Basta ver que os cientistas, que têm fomentado tal perspectiva, têm buscado inspiração na filosofia oriental.[4]

---

[4] CAPRA, F. *O tao da física*; um paralelo entre a física moderna e o misticismo oriental. 9. ed. São Paulo, Cultrix, 1993.

Entretanto, esse pensamento nunca foi totalmente ausente na cultura ocidental. O escritor italiano Ítalo Calvino preparara o texto de uma das palestras que deveria proferir na Universidade de Harvard, se a morte o não tivesse colhido antes (1985). O tema eram propostas para o próximo milênio. E a primeira se intitulou "leveza". Um dos textos estudados, que refletem essa leveza, é da lavra de Cyrano de Bergerac (1619-1655). Nele o comediógrafo francês "celebra a unidade de todas as coisas, animadas ou inanimadas, a combinatória de figuras elementares que determina a variedade das formas vivas".

A comunhão das coisas

Admirai-vos de que essa matéria, misturada confusamente, ao sabor do acaso, tenha podido constituir um homem, visto que havia tantas coisas necessárias à constituição de seu ser, mas não sabeis que cem milhões de vezes essa matéria, avançando no sentido de formar um homem, ora deteve-se a formar uma pedra, ora um chumbo, ora o coral, ora uma flor, ora um cometa, pelo excessivo ou demasiado pouco de certas figuras que ocorriam nesse processo de formar um homem? Não é nada de espantar que, em meio a essa infinita quantidade de matéria em constante movimento e alteração, tenha havido a criação dos poucos animais, vegetais e minerais que conhecemos; como não é de espantar que em cem lances de dado ocorra uma parelha (Cyrano de Bergerac, Viagem à lua, citado por I. Calvino, Seis propostas para o próximo milênio, São Paulo, Companhia das Letras, 1999, p. 33ss).

1.3. Neopaganismo

Embora o termo seja menos freqüente em nossa literatura religiosa, existe entre nós sob várias formas. Há cultos especificamente pagãos, recuperando religiões antigas, tanto importadas de outros continentes quanto autóctones. Tradições indígenas e africanas pré-cristãs surgem das cinzas da dominação cultural cristã. Ou criam-se formas sincréticas pagãs com elementos cristãos, mas cuja estrutura determinante pode ser mais pagã que cristã. Oferecem-se formas religiosas para satisfazer a sede de Mistério fora do quadro cristão.

Mais ardiloso é o cristianismo neopaganizado. Não se trata da forma grotesca da incoerência de uma profissão de fé doutrinal cristã e uma vida pagã nos costumes. Esse tipo de juízo é de longa data, muito familiar a pregadores conservadores. Vive-se outra experiência bem diferente, em que uma confusão se estabelece. Os ritos e os simbolismos são cristãos, católicos. Falam ao imaginário religioso do povo. Quando as pessoas os vêem, identificam imediatamente a origem cristã. No entanto, podem, em determinados momentos, projetar dentro deles expectativas, sentimentos, vivências que não respondem ao que eles realmente querem significar. São formas religiosas pseudocristãs. Assim, por exemplo, circula entre o povo o ostensório com a hóstia consagrada. Não há dúvida do caráter católico do sinal. É a presença real de Jesus Cristo que mantém referência estrita à celebração eucarística. Dela vem todo sentido. Ora, quando pessoas procuram tocá-lo, já não pensando na presença eucarística de Cristo, mas como se fosse uma força mágica, um poder divino curador, um símbolo religioso carregado de energia positiva para dela se impregnar, temos tipicamente um caso de um Cristianismo vivenciado neopagamente. Busca-se um contato com um divino disponível e manipulado para o próprio interesse. Não se estabelece a relação a que a celebração da eucaristia visa. Faltam dois elementos fundamentais de um ato cristão: liberdade humana e gratuidade de Deus.

Evidentemente, para muitos, esse tocar no ostensório pode traduzir um desejo profundo e verdadeiro de proximidade com Cristo. Há sinceridade e fé. Todavia, referimo-nos ao caso em que se quer simplesmente haurir uma força divina para consumo pessoal.

Outra tendência neopagã se traduz em várias formas de gnosticismo, sobretudo de caráter esotérico. Repetem-se, em estilo moderno, as iniciações aos mistérios pagãos. A salvação vem da participação nesse tipo de conhecimento, de ritos, abertos somente aos iniciados. E, para isso, cumpre-se uma série de requisitos, conforme a natureza do grupo religioso.

Numa linha menos religiosa, cresce a preocupação com o desenvolvimento do potencial humano, recorrendo a práticas que se originam tanto de tradições religiosas quanto de conhecimentos paracientíficos. No fundo, buscam-se meios para a realização de si mesmo, para alcançar um maior equilíbrio psíquico, para desenvolver uma sabedoria humana. Recorre-se a técnicas de meditação, fala-se de "meditação transcendental", pratica-se o cultivo do corpo, o alargamento da consciência e o controle mais acurado da respiração, traçam-se mapas energéticos da pessoa, estabelecem-se procedimentos parapsicológicos e para-religiosos. Há uma mistura de um clima religioso e psicocientífico.

Ainda numa perspectiva mais secular, o neopaganismo adquire formas religiosas travestidas. Acontece uma sacralização de uma experiência tipicamente secular, tanto de natureza política quanto social de caráter mercadológico. São substitutivos que mantêm ainda uma cor desbotada da religião. Daí lhes vem uma sedução maior.

Num continente cujo sistema de saúde é muito precário e cujo nível escolar é muito rudimentar, pululam propostas religiosas articuladas com medicinas e técnicas curativas. Freqüentemente elas são aplicadas em contexto religioso e seus efeitos são considerados milagres, operados por seres superiores ou por intervenção de espíritos de mortos. Misturam-se ritos de origem xamânica, afro, espíritas que compõem um quadro, tocando as raias da magia. Nesse sentido, conservam algo de crenças pagãs.

Neopaganismo

O termo neopagãos, embora impróprio no rigor do termo teológico, vem a significar a situação de pessoas que se consideram pós-cristãs e que, mesmo batizadas, se dizem religiosas, cultuando outros deuses que não O da Bíblia... O paganismo não é um momento hoje superado da história religiosa. Representa um valor religioso em constante antítese ao ensinamento bíblico e ao Cristianismo (cf. J. Vernette, Néo-paganisme, em P. Poupard (dir.), Dictionnaire des Religions, 3. ed., Paris, PUF, 1993, v. 2, p. 1421).

2. EXPLICAÇÃO DO FENÔMENO

Uma série enorme de fatores demonstra que a amplitude do fenômeno deve convergir para seu eclodir. Telegraficamente, podemos elencar alguns. Diante do fracasso das lutas populares e do socialismo, da derrota dos pobres, do cansaço com tanto compromisso que não surtiu efeito, de um lado, e diante do triunfo do neoliberalismo, de outro, é de estranhar que as pessoas troquem a militância pela mística? Diante de uma política visceralmente corrompida em muitas partes, da atuação das esquerdas no poder, exatamente como a direita, da inutilidade dos partidos, de eleições manipuladas pela mídia, é de estranhar que se troquem os comícios pelas oficinas de oração? Diante de efeitos deletérios da razão instrumental — campos de concentração, bomba atômica, bomba napalm, indústria bélica, narcotráfico, industrialização poluidora e devastadora, urbanização caótica etc. —, é de estranhar que se busque uma razão comunicativa, inclusiva na busca da harmonia e do mistério? Diante de igrejas que se institucionalizaram, se burocratizaram e se enrijeceram fortemente, que perderam sua intensidade espiritual, é de estranhar que se busquem fora delas expressões religiosas mais ardorosas, carismáticas? Diante de uma visão filosófica que apostou na morte de Deus e do homem, de sua total secularização que está gerando um enorme vazio, angústia, "náusea existencial", é de se estranhar que se volte para o mistério, para a religião em busca de salvação? Poderíamos aumentar as perguntas.

3. O PAPEL EVANGELIZADOR DA FÉ CRISTÃ

O ser humano, além das necessidades materiais, carece de bens espirituais. É feito para a verdade, beleza, sentido, bem, transcendência. Essa área de sua existência necessita ser alimentada. A sociedade materialista e hedonista não o faz. A razão técnico-científica não responde suas perguntas. Fica então à espera de que se lhe ofereça alimento. O ser humano tem sede de experiência religiosa, independentemente da fé que a penetra. Por isso, é importante ter idéia da diferença entre experiência religiosa e fé e de como o Cristianismo ou a Igreja se comportam frente a essa dupla experiência.

3.1. Experiência religiosa

A experiência religiosa está relacionada com nossa condição de criatura que se abisma no seu próprio nada e desaparece diante de quem está acima de toda criatura.

É uma experiência originária como a da beleza, da verdade, do bem. Difícil de defini-la. Quem nunca refletiu sobre suas experiências religiosas ou julga nunca tê-las tido fica mudo e intocado diante de toda a reflexão sobre a experiência religiosa. Como falar de cores para um cego? Ou de sons para um surdo?

A experiência religiosa ancora-se na condição humana. Vem responder a seus anseios profundos. O ser humano percebe sua referência a um Mistério, a um Absoluto. E, quando depara com ele em alguma realidade, assusta-se ou se deixa seduzir. A ambivalência é fundamental. Na vocação de Jeremias, aparece a experiência de sedução: "Tu me seduziste, Senhor, e eu me deixei seduzir; agarraste-me e me dominaste" (Jr 20,7) e, na de Isaías, a experiência do medo (Is 6,1-9).

Portanto, na experiência religiosa, na experiência do sagrado, torna-se presente à consciência da pessoa uma realidade particular extraordinária — atemorizante ou fascinante, que lhe provoca formas de sentimento e emoção.

Todas as religiões provêem seus fiéis de experiências que os arrancam do ordinário da vida, transportam-nos para uma situação extraordinária de beleza ou de temor. Aí os fiéis se defrontam com uma realidade transcendente, que R. Otto chama de "numinosa" — vem de *numen* = poder, majestade, divindade. A experiência religiosa por excelência. Nela, por assim dizer, predomina o elemento não-racional, que escapa à compreensão conceitual, algo inefável,[5] algo diferente que surpreende, que espanta, que sai do ordinário, que distancia e que, portanto, revela "poder".[6] Há discussões sobre o caráter pessoal ou não dessa força.

A experiência religiosa oferece também sentido, ao dar valor, solidez e realidade ao sagrado. Responde a um ser humano que, por natureza, cria sentidos. "No meu entendimento", diz M. Eliade, "a estrutura da consciência humana é tal que o homem não pode viver sem procurar pelo sentido e significado. Se o sagrado significa o real e o significativo, como eu sustento, então o sagrado é parte da estrutura da consciência humana".[7]

Quando o Sagrado se manifesta

> O homem toma conhecimento do sagrado porque este se manifesta, se mostra como qualquer coisa de absolutamente diferente do profano. A fim de indicarmos o ato da manifestação do sagrado, propusemos o termo hierofania. Esse termo é cômodo, porque não implica qualquer precisão suplementar: exprime apenas o que está implicado no seu conteúdo etimológico, a saber, que algo de sagrado se nos mostra. Poderia dizer-se que a história das religiões — desde as mais primitivas às mais elaboradas —, é constituída por um número considerável de hierofanias, pelas manifestações das realidades sagradas. A partir da mais elementar hierofania — por exemplo, a manifestação do sagrado num objeto qualquer, uma pedra ou uma árvore —

---

[5] Otto, R. *Le sacré;* l'élément non rationnel dans l'idée du divin et sa relation avec le rationnel. Paris, Payot, 1969. p. 19ss.
[6] Leeuw, G. van der *La religion dans son essence et ses manifestations;* phénoménologie de la religion. Paris, Payot, 1955.
[7] Eliade M. , The sacred in the secular world. In: *Cultural Hermeneutics*. 1, p. 101, citado por Scarlatelli, Cl. *A camuflagem do Sagrado e o mundo moderno à luz do pensamento de Mircea Eliade.* Porto Alegre, Edipuc-RS, 1998. p. 31.

e até à hierofania suprema que é, para um cristão, a encarnação de Deus em Jesus Cristo, não existe solução de continuidade. Encontramo-nos diante do mesmo ato misterioso: a manifestação de algo de "ordem diferente" — de uma realidade que não pertence ao nosso mundo — em objetos que fazem parte integrante do nosso mundo "natural", "profano" (M. Eliade, O sagrado e o profano. A essência das religiões, Lisboa, Livros do Brasil, s.d., pp. 20-22).

As religiões tradicionais procuram organizar as experiências religiosas. Para isso, criam ritos, mitos, cerimônias, vestes, utensílios, ambientes, que possibilitem aos seus membros vivenciarem o sagrado. Toda racionalização, toda explicação lógica, todo despojamento dos envolvimentos psicoculturais das religiões terminam para diminuir-lhe a força do Sagrado. Nesse sentido, há um tipo de secularização que corrói a experiência religiosa de qualquer natureza que seja.

O Sagrado conserva sempre algo de arcaico, de fora do cotidiano, nas suas formas. As expressões técnico-científicas e racionalistas da sociedade moderna empurram o sagrado para fora de muitos âmbitos, mas não o suprimem. Simplesmente marginalizam-no. Lá onde ele atua, cria suas condições de existência.

Fenômeno não menos importante, já detectado com lucidez por M. Eliade, é a "camuflagem do sagrado". Ele se esconde por detrás de expressões seculares que procuram tocar, na expressão de H. Vaz, "todas as zonas de interrogação e espanto do homem e do mundo". J. M. Mardones usa a expressão "secularidade sagrada" ao referir-se a uma série de "fenômenos sociais que se ritualizam e que apresentam mitologias, exaltações e sacralizações camufladas".[8] E enumera "a religião do tribalismo nacional ou religião nacionalista", "o culto grupal por meio da música", "o esporte como metáfora da vida", "os rituais do culto ao corpo", "o reencantamento e o culto da natureza".

Formas do esporte, *"musicals"*, "culto ao corpo", por serem profanas, velam a dimensão religiosa. No entanto, a maneira como elas são conduzidas desvela essa dimensão de assombro, de fascinação, de surpresa, de "excesso" que aponta para uma realidade maior, específica do sagrado.

No fundo, qualquer experiência humana pode ser sacralizada, continuando na sua superfície "profana". O caráter sagrado lhe vem do toque de mistério que oculta. Esse mistério pode ser de beleza ou de feiúra, de bondade ou de maldade, de graça ou de pecado, de anjo ou de demônio.

---

[8] MARDONES, J. M. *¿Adónde va la religión?* Cristianismo y religiosidad en nuestro tiempo. Santander, Sal Terrae, 1999. pp. 35-41.

Diabo em tudo

"Bem, o diabo regula seu estado preto, nas criaturas, nas mulheres, nos homens. Até nas crianças, eu digo. Pois não é ditado: 'menino, trem do diabo?' E nos usos, nas plantas, nas águas, na terra, no vento... Estrumes... O diabo na rua, no meio do redemoinho..."

"Arre, ele está misturado em tudo" (Guimarães Rosa, Grande sertão: veredas, 20. ed. Rio de Janeiro, Nova Fronteira, 1986, 10ss).

3.2. Cristianismo como fenômeno religioso

No início, o Cristianismo foi "querigma", anúncio de uma Boa-Nova, de um Evangelho: Deus Pai — Javé — se mostrou benigno, misericordioso, salvador para toda a humanidade em seu Filho Jesus, que morreu e ressuscitou. Nele se encontra toda a salvação. Ele age pelo Espírito Santo. Disso os apóstolos dão testemunho. E quem quiser participar dessa salvação, confesse seus pecados e se faça batizar.

Em torno desse núcleo organizou-se a comunidade dos que aderiram a Cristo e foram lentamente criando ritos, símbolos e celebrações, redigindo "doutrinas", recuperando os ensinamentos de Jesus, repetindo seus gestos, sobretudo os da última Ceia. Mesmo assim, era uma religião extremamente sóbria a ponto de os pagãos chamarem-nos de "ateus", irreligiosos.[9] À medida que o Cristianismo foi crescendo e inculturando-se no mundo grego e romano, foi assumindo mais formas religiosas. E, depois da conversão do Império Romano, transformou-se numa grande religião. Até o século XI, a única forma de Cristianismo existente era a Igreja Católica. A partir de então, surgem outras igrejas.

Concentrando a atenção na Igreja Católica, percebemos que ela cumpriu uma função religiosa para amplas camadas de fiéis, utilizando para isso os elementos que favorecem a experiência religiosa. Assim, para despertar os sentimentos religiosos de seus membros, sobretudo os mais simples e rudes, ela usou e abusou do binômio céu e inferno, anjo e demônio, promessa de felicidade e ameaça de castigo. Estão aí as duas faces da vivência religiosa. Quanto mais forte se faz o jogo entre os dois sentimentos, mas facilmente se desperta o sentimento religioso.

Na pedagogia dos missionários populares, funcionava o jogo da ameaça e da bondade. O lema era: leão no púlpito, cordeiro no confessionário. Na pregação, vomitavam ameaças terrificantes de demônios e infernos. E quando o penitente se aproximava do confessionário, acolhia-o uma voz meiga de perdão. Esse jogo provocava efeitos salutares no fortalecimento da experiência religiosa.

Predominava na experiência religiosa a tônica do medo. Apesar de toda uma literatura aristocrática da coragem, igualando medo com covardia, que

---

[9] Justino, S. *Apologia I*. p. 6.

circulava na Idade Média, no Renascimento e na aurora dos tempos modernos, o medo imperava com muita força no meio do povo. Mesmo em se tratando de fenômenos da natureza, a conotação religiosa impregnava tudo, aliás, como acontece até hoje, em grau infinitamente menor, em certos meios populares religiosos de nosso continente.

Por sua própria constituição, o ser humano tem a capacidade de simulação simbólica de infinitas situações de perigo e de ameaça, possui uma afetividade ameaçada por tantas situações de perda e, sobretudo, pela maior delas, a morte. Todos nós temos medo. A experiência religiosa bate forte nessa tecla da condição básica humana por meio das realidades do pecado, do demônio, do inferno eterno, da incerteza da hora da morte. Em certos momentos da cultura, viveu-se, além do mais, a expectativa do final do mundo. Enfim, esse conjunto de medos religiosos constitui a base para muita experiência religiosa que levava as pessoas até a mudança de vida. Muito ligado também a essa simbologia do medo religioso está o mundo das almas do purgatório, que cresceu tanto na fantasia popular, a ponto de se transformar em verdadeira câmara de tortura antes de se ir para o céu.

Medo

Desde o século XIV — com pestes, penúrias, revoltas, avanço turco, o Grande Cisma somando a tudo isso seus efeitos traumatizantes —, uma cultura de "cristandade" se sente ameaçada. Essa angústia atinge seu apogeu no momento em que a secessão protestante provoca uma ruptura aparentemente sem remédio. Os dirigentes da Igreja e do Estado encontram-se mais do que nunca diante da urgente necessidade de identificar o inimigo. Evidentemente, é Satã que conduz com fúria seu derradeiro combate antes do fim do mundo... É ele que faz os turcos avançarem; é ele que inspira os cultos pagãos da América; é ele que habita o coração dos judeus; é ele que perverte os heréticos; é ele que, graças às tentações femininas e a uma sexualidade há muito tempo considerada culpada, procura desviar de seus deveres os defensores da ordem; é ele que, por meio de feiticeiros e, sobretudo por meio de feiticeiras, perturba a vida cotidiana enfeitiçando homens, animais e colheitas... Soou a hora da ofensiva demoníaca generalizada, sendo evidente que o inimigo não está apenas nas fronteiras, mas na praça, e que é preciso ser ainda mais vigilante dentro do que fora (J. Delumeau, História do medo no Ocidente 1300-1800, São Paulo, Companhia das Letras, 1989, p. 393).

3.3. Cristianismo como fé

A Igreja Católica tem cumprido com competência, durante esses dois milênios, a função religiosa, mesmo quando houve exageros nas experiências religiosas, pois ela tem dentro de si um mecanismo crítico que é o Evangelho. Além de ser religião, o Cristianismo se configura por uma relação pessoal com Cristo, o grande revelador de Deus. À religião correspondem práticas ligadas à esfera do Sagrado. À Revelação corresponde o acolhimento, o assentimento, a adesão. Isto é, a fé. E, no caso do Cristianismo, a Revelação gira em torno da pessoa de Jesus. Portanto, o fundamental da fé cristã consiste em seguir Jesus com as exigências éticas que tal seguimento implica.

Ele dá sentido à existência do cristão. Por ser reconhecido como Filho de Deus, como o Absoluto entrando na história humana, tudo que ele foi, ensinou, fez se torna normativo para o cristão. Esse caráter de sentido último normativo, que se acolhe na liberdade e responsabilidade, constitui a dimensão de fé do Cristianismo.

A religião oferece também um sentido para os seus seguidores. Entretanto, não tem necessariamente o caráter absoluto, radical, último, normativo para o agir humano. Muitas vezes, a religião cumpre a função de consolo, de satisfação de desejos e anseios existenciais, de calmante de angústia, de tranqüilizante espiritual, de conforto nos infortúnios. Isso se obtém muitas vezes pela via da emoção, do encontro consigo mesmo em maior profundidade, do respiro de uma atmosfera de mistério. Há, sem dúvida, algo da presença de Deus. Mas não tem a exigência dessa presença de Deus que se dá no confronto com a Revelação, com a Palavra transcendente do profeta ou a Palavra feita carne, Jesus Cristo.

Enquanto a experiência religiosa se detém mais nela mesma e leva a pessoa a fruí-la, a fé tem a inquietude de quem busca sempre maior profundidade de si mesmo. *"Fides quaerens intellectum"*: a fé que busca inteligência. A fé pede teologia. A religião pede o estudo de seu fenômeno. A fé vincula-se mais com a inteligência, com a razão, com a verdade. A religião com os sentimentos, a emoção, o gozo.

Este corte de análise não pode ser levado longe demais. Toda religião tem algo de fé e toda fé tem também seu lado religioso. Mesmo que a religião nasça de experiências humanas, seja o caminho do homem em direção a Deus, Deus não deixa de estar aí presente com sua palavra atuante. E, à medida que tal palavra está e é acolhida, existe fé. No entanto, predomina o lado da experiência humana em busca de Deus.

Por sua vez, a fé se exprime não só em práticas éticas, em acolhida da Revelação, mas também em gestos cúlticos diante de tal mistério. Ela expressa-se em formas religiosas. A fé tende a não ser religiosa, purificando-se de suas formas, e a religião tende a eclipsar a fé, encobrindo-a de ritos. No entanto, nunca nenhuma das tendências chega a seu extremo. Na realidade da história humana, a fé sempre se expressará mediante formas religiosas e a religião traduzirá um sentido de fé, de vida.

Acontece outra coisa dentro das igrejas. Elas tendem a criar doutrinas, credos, normas e regras canônicas em detrimento das expressões religiosas. Cria-se uma "baixa tensão" no seio da Instituição. Com isso, elas não respondem a muitos desejos e anseios de seus membros, sobretudo dos mais sintonizados com o momento atual. Assim explodem fora das igrejas oficiais outras formas religiosas para dar vazão às aspirações e buscas das pessoas. Se as igrejas se mantiverem rígidas, tal surto se fará à margem delas ou se constituirá numa nova heresia, criando um novo movimento religioso de "alta tensão religiosa" independente. Assistimos hoje a esse enorme fracionamento das religiões institucionais por causa de sua incapacidade de satisfazer a novas demandas. Ficaram presas à rigidez de sua realidade doutrinal e canônica.

Por sua vez, o braço religioso novo, de alta tensão, sofrerá dupla pressão. Para manter sempre a alta tensão, deverá trabalhar com número pequeno de adeptos e dentro de determinadas circunstâncias. Ao crescer o número de adeptos, dentro em breve, essa "tensão alta" começará a baixar e teremos, de novo, o mesmo ciclo em movimento. Portanto, parece — se é válida essa análise — que os surtos religiosos sempre surgirão de dentro de instituições religiosas, cuja tensão interna se nivelou. A vida religiosa ficou muito rotineira.

Em relação à Igreja Católica, estamos assistindo hoje ao seguinte fenômeno. Muitos a deixam para ingressar em movimentos religiosos que respondem melhor a seus anseios. Julgam-na por demais institucionalizada ou doutrinalizada, ou mesmo organizada em práticas pastorais eficientes. Não sintonizam com essa "racionalização" da instituição religiosa.

Outros, porém, permanecendo dentro da Igreja, conseguem produzir no seu interior espaços e clima de fervor. A Igreja, até este momento está tendo suficiente maleabilidade para conviver com esses "surtos carismáticos" no seu interior, sem chegar à ruptura. Eles tomam a forma de grupos ou de movimentos. Até onde ou até quando eles conviverão no interior da Instituição eclesiástica só o futuro nos dirá. Entretanto, no momento atual, coexistem no interior da Igreja tanto a doutrina reta — haja vista a recente publicação do *Catecismo da Igreja Católica* —, as práticas pastorais em busca de eficiência, os limites canônicos e jurídicos ainda relativamente respeitados quanto os diversos movimentos carismáticos de tensão espiritual mais elevada. A expressão "movimento carismático" não se identifica com a renovação carismática católica. Portanto, não se trata dela diretamente, mas da dimensão carismática que se faz presente em muitos movimentos de Igreja, e que não esgota a totalidade desses movimentos.[10]

Esses surtos espiritualistas, tanto no interior da Igreja Católica como fora, caracterizam-se fundamentalmente pelo seu aspecto religioso. A dimensão estritamente de fé cristã e eclesial, enquanto implica seguimento de Jesus, compromisso com os pobres, celebração da memória de Jesus

---

[10] Para uma informação e reflexão crítica sobre tais movimentos, cf.: COMBLIN, J. Os "movimentos" e a pastoral latino-americana. *REB* 43 (1983) 227-262.

em comunidade, não está ausente, mas mais recessiva. Temos um exemplo excelente para perguntar-nos pelo papel que a fé cristã cumpre no interior das práticas religiosas da Igreja e em relação às de fora. Também cabe a pergunta correspondente sobre a contribuição desse surto espiritualista para a fé cristã. Vamos considerá-las no contexto atual da explosão religiosa.

3.4. Autocrítica do Cristianismo

Talvez se resuma num paradoxo. O Cristianismo ocidental tem sido muito racional, de uma racionalidade objetiva, analítica, transformadora, que a modernidade reforçou. Nisso tem sido muito moderno. Por sua vez, a modernidade também fomentou a racionalidade convivial, comunitária, intuitiva, incentivando a liberdade, a felicidade, o gozo, o prazer, a comunhão com toda a realidade. Aqui, o Cristianismo foi mais crítico e reticente.

A autocrítica vai na inversão dos sinais. Sem renunciar à razão instrumental e objetiva, necessita valorizar o lado psicológico do sujeito, a comunhão com o cosmo e a dimensão mística da experiência de Deus. Para isso, somos provocados a redescobrir a longa e profunda tradição mística do Cristianismo e a aprender com as místicas pós-modernas, psicológicas e cósmicas.

O católico comum chegou a identificar fé com conhecimento das verdades, de tal maneira que, perguntado sobre sua fé, recitava imediatamente o Credo. Esquecia que os dogmas, antes de serem formulações rígidas e imutáveis, foram vida, experiência, oração. Valem os dois axiomas: *Lex credendi – lex orandi* (as verdades da fé são verdades da oração), e a outra formulação: *Lex orandi – lex credendi* (as verdades da oração se fazem verdades da fé).

Apesar de o Cristianismo ter gestado, em todos os tempos, homens e mulheres de altas experiências místicas — basta citar os exemplos de S. João da Cruz e santa Tereza —, a mística correu um pouco paralelamente às explicitações teológicas da fé. O próprio São Luís Gonzaga dizia que, ao rezar, deixava seus apontamentos de aula de teologia e tomava o livro da Imitação de Cristo. É conhecida a ruptura entre teologia e espiritualidade desde a Idade Média. A patrística ainda tinha conservado essa unidade. O Concílio Vaticano II propugnou uma reaproximação de ambas, de modo que toda espiritualidade deveria ser teológica e toda teologia deveria ser espiritual.

Essa reaproximação da teologia e espiritualidade oferece excelente resposta a esse momento de surto espiritual, evitando assim uma fé demasiado racional e uma espiritualidade demasiado emocional.

Além disso, as duas místicas pós-modernas insuflam na fé cristã um ar de renovação, de beleza, de comunhão, de profundidade pessoal.

Arrancam-na da secura da recitação das verdades. Ampliam o conceito verdadeiro, mas limitado de fé do Concílio Vaticano I. Lá, era importante acentuar esse aspecto estritamente racional da fé, devido à dupla ameaça de um fideísmo e tradicionalismo desacreditador da razão, e de um racionalismo auto-suficiente e unívoco.

Fé no Concílio Vaticano I

Por o homem depender todo de Deus como de seu Criador e Senhor e por a razão criada estar profundamente submissa à Verdade incriada, sustentamos que se deva prestar plena obediência da inteligência e da vontade ao Deus revelador. A Igreja Católica professa que essa fé, que é início da salvação humana, é uma virtude sobrenatural pela qual, com a inspiração e ajuda da graça, cremos que as coisas reveladas por Ele são verdadeiras, não por causa da sua verdade intrínseca, percebida pela luz racional, mas por causa da autoridade do mesmo Deus revelador, que não pode enganar-se nem enganar (Denzinger-Schönmetzer, Enchiridion Symbolorum — Definições e declarações relativas à fé e à moral [=DS] 3008).

Tudo profunda verdade! Mas os tempos mudaram. A subjetividade irrompeu tumultuosamente. Já não se vive o clima de racionalismo nem de fideísmo defensivo. Antes, há uma supervalorização da subjetividade que não pode ser desconhecida, mas também não pode ser assumida sem mais. Daí uma nova tarefa para a fé cristã. Se, de um lado, ela aceita a crítica por parte das místicas psicológica e cósmica contra a insuficiência dessas dimensões em sua vivência na Igreja Católica, de outro, cabe-lhe apontar para os riscos de embarcar sem mais em tais tendências.

3.5. A fé cristã critica as místicas psicológica e cósmica

A fé cristã tem algo a dizer de original, de crítico. Para isso, deve voltar-se para dentro de si, encontrar sua raiz mais funda, e de lá haurir seiva nova. Essa raiz é o seguimento de Cristo dos pobres. Daí a fé cristã arranca toda a sua vitalidade e expressões autênticas.

Em relação à mística psicológica, o encontro com o Cristo dos pobres não deixa as pessoas continuarem numa paz que se identifica com alienação, numa tranqüilidade que é sinônimo de desconhecimento do sofrimento alheio. Essa mística psicológica tende ao fechamento em si mesma. Lá no início, quando Jesus chamou os primeiros discípulos, o refrão dos evangelistas resumia bem a atitude básica: "Deixando logo as redes" (Mc 1,18), "deixando o pai Zebedeu no barco com os empregados" (Mc 1,20), "deixando tudo" (Lc 5,11), "ele se levantou" (Mc 2,14), e o seguiu. O seguimento de Jesus implica um despojamento de si, "renunciar a si mesmo e tomar sua cruz" (Lc 9,23), "deixar os mortos enterrarem os seus mortos" (Lc 9,60), "não ter onde repousar a cabeça" (Lc 9, 58), "pôr a mão no arado sem olhar para trás" (Lc 9,62). Portanto, as exigências são bem diferentes de uma mística autocentrada.

Mais ainda. O programa do seguimento de Jesus aparece nas bem-aventuranças. É o lado oposto de tudo o que uma mística subjetiva apregoa. Bem-aventurados os pobres de coração, os mansos, os que choram, os que têm fome e sede de justiça, os misericordiosos, os de coração puro, os batalhadores pela paz, os perseguidos (Mt 5,33-12). Noutro momento, Jesus apresenta o desenho acabado da vida cristã: dar de comer aos famintos, de beber aos sedentos, acolher os estrangeiros, vestir os nus, visitar os prisioneiros" (Mt 25,31-46). Essa é uma plataforma bem distante das viagens interiores fomentadas e propiciadas por técnicas psicoterapêuticas espirituais.

Em relação à comunhão cósmica, a fé cristã associa ao "grito da terra, o grito dos pobres"[11]. A fé cristã assume belamente a comunhão cósmica desde que ela não se esqueça da comunhão com os pobres. São dois momentos de uma mesma comunhão maior. O pobre é a maior vítima do processo de exploração da terra. Sobra-lhe literalmente o resto de que muitos vivem. Haja vista a legião de catadores de lixo. Além do mais, os pobres contribuem, por causa de sua pobreza, para aumentar o lixo da terra, poluindo-a. Uma comunhão cósmica implica uma comunhão social, uma mística cósmica inclui a opção pelos pobres.

Pobre: o ser mais ameaçado

De satã da Terra, o ser humano deve educar-se para ser o anjo da guarda, capaz de salvar a Terra, sua pátria cósmica e mãe terrenal.

... Os seres mais ameaçados da criação não são as baleias, mas os pobres, condenados a morrer prematuramente. Estatísticas da ONU dão conta de que, no mundo, 15 milhões de crianças morrem antes de concluir o quinto dia de vida em razão da fome ou das doenças da fome: 150 milhões são subnutridas e 800 milhões de pessoas vivem permanentemente com fome.

É a partir dessa catástrofe humana que arranca a teologia da libertação quando se confronta com a questão ecológica (L. Boff, *Ecologia*; grito da terra, grito dos pobres, cit., p. 173ss).

4. O FENÔMENO RELIGIOSO NO INTERIOR DA IGREJA

A vaga espiritualista não invade a Igreja vinda somente de fora. Do seio da Igreja, brotam jorros carismáticos. Inundam-na no momento. Diante dessa abundância de expressões espiritualistas, a fé é chamada a posicionar-se criticamente no duplo movimento de deixar-se criticar e de criticar.

4.1. Crítica carismática

Muitos elementos coincidem com a onda mística geral. Na conjuntura mundial, as principais causas são as mesmas. As carências institucionais se fazem sentir igualmente na Igreja Católica. Acrescente-se, sem dúvida, um cansaço que a Igreja sentiu com as lutas libertárias nos regimes

---

[11] BOFF, L. *Ecologia*; grito da terra, grito dos pobres. São Paulo, Ática, 1995.

militares que assolaram nosso continente. A Igreja institucional em sua cúpula principal, na pessoa de muitos bispos, agentes de pastoral, comunidades populares, se viu perseguida pela repressão. Anos de tensão, sofrimento, martírio. No horizonte de toda essa luta luzia a utopia de uma sociedade solidária, justa, em que os pobres pudessem ter outras condições de vida. Embora o setor militante fosse estatisticamente minoritário, era simbolicamente hegemônico. Haja vista os documentos que a Igreja Católica do Brasil produziu nesse período de verdadeira coragem profética.

No vácuo da militância libertária no seio da Igreja, produzido pela conjunção do triunfo do neoliberalismo com a onda neoconservadora eclesial, entrou com ímpeto imprevisível e incontrolável a avalanche carismática. Veio criticar uma posição militante, pouco regada pela espiritualidade, menos visível e festiva e desconfiada dos arrebatamentos afetivos. Portanto, dois pólos: espiritualidade e afetividade, de um lado, e compromisso e militância, de outro.

O lado positivo dessa crítica já vem sendo assimilado pelas comunidades eclesiais de base (CEB), pelos agentes de pastoral mais lúcidos, pelos teólogos mais flexíveis. Nos últimos Encontros Intereclesiais de CEBs, tem-se notado nitidamente presente nelas um toque carismático, sem, contudo, perderem a garra do compromisso.

L. Boff, no tratado sobre a Santíssima Trindade, estudou as repercussões sociais sobre uma compreensão unilateral da Trindade. A sociedade colonial, agrária, paternalista e patriarcalista projeta uma imagem de Deus todo-poderoso, onisciente, Juiz supremo e Senhor absoluto da vida e da morte. Em uma sociedade de relações mais horizontais, em que surge a figura do líder, do caudilho, do militante, do companheiro, a imagem de Deus se vê facilmente identificada com a figura de Cristo. O corretivo social dessas duas situações sociais vem do lado da subjetividade, da criatividade pessoal, do carismatismo. Nesse caso, a imagem de Deus aproxima-se da figura do Espírito Santo.[12]

Partindo dessa reflexão mais geral de L. Boff, entende-se que o movimento carismático, ao acentuar a presença e ação do Espírito Santo, veio corrigir um jesuanismo unilateral da Igreja da libertação. Com efeito, quando se acentua a presença de Jesus, o risco maior é do "caudilhismo", do militantismo exagerado, do seguimento radical sem complacência e tolerância a respeito de outras atitudes também cristãs. A onda do Espírito, sob esse aspecto, enriqueceu a Igreja, purificou-a de ranços, tornou-a mais leve e alegre. Não é em vão que o literato italiano Ítalo Calvino, já citado, escolhe como primeira proposta para o próximo milênio a "leveza". E o

---

[12] BOFF, L., *A Trindade e a sociedade*. Petrópolis, Vozes, 1987. p. 26ss.

escritor espanhol, ao querer qualificar o homem pós-moderno, chamou-o de *light*.[13]

Faltava à Igreja da libertação e à Igreja institucional, enrijecida por juridicismo, uma leveza que lhe trouxe o movimento carismático. A característica de uma presença maior do Espírito é a liberdade. "O Senhor é o Espírito, e onde se acha o Espírito do Senhor, aí está a liberdade" (2Cor 3,17). Enquanto o movimento carismático representar na Igreja um sopro de liberdade, ele estará renovando-a. Se perdê-la, caindo no fanatismo, dogmatismo, então deixará escapar seu maior valor.

Compromisso e mística

> Face ao risco de uma politização exagerada do espaço da expressão religiosa, ou mesmo de uma "mística racionalista", muitos militantes de comunidades e pastorais reivindicam novos horizontes... Muitas vezes, o nosso estar na Igreja resume-se a algo estratégico, costumeiro, ou de mera conveniência; não fazemos a experiência de comunidade cristã. Por ofício, articulamos comunidades, mas não fazemos a nossa experiência comunitária. Faltam, muitas vezes, a consciência e a prática de se salvaguardar o tempo e o espaço do lugar comunitário fundamental para a restauração da identidade do sujeito, em que se possa viver a experiência da fraternidade e celebrar a esperança do Reino de Vida (F. Teixeira, A espiritualidade do seguimento, São Paulo, Paulinas, 1994, p. 49).

4.2. Crítica à carismática

A crítica mais importante ao surto carismático já foi feita por S. Paulo na epístola aos Coríntios. Nos longos capítulos dedicados aos carismas, Paulo estabelece-lhes os critérios de autenticidade. Isso vale para todo surto carismático ao longo da história da Igreja. Logo no início de um amplo discurso sobre os dons, Paulo coloca a pedra de toque de sua verdade: "Ninguém, falando no Espírito de Deus, pode dizer: 'maldito seja Jesus', e ninguém pode dizer: 'Jesus é o Senhor', a não ser no Espírito Santo" (1Cor 12,3). Falar o nome de Jesus vai, naturalmente, muito além da simples pronunciação do nome. Significa, em termos concretos, seguir a Jesus. Só no seguimento de Jesus se encontra a verdade do Espírito Santo. Afirmação, aliás, que é abundante no evangelho de S. João. Basta recordar: "O Espírito Santo que o Pai enviará em meu nome, ele vos ensinará tudo e vos trará à memória tudo quanto eu vos disse" (Jo 14,26). O Espírito Santo recorda o que foi ensinado por Jesus, dará testemunho dele (cf. Jo 15,26).

Voltando a S. Paulo, ele hierarquiza os dons. Acima de todo dom e carisma está a caridade. É o amor que Deus nos tem e que temos a Deus e aos irmãos. Sem caridade, qualquer carisma é inútil. Paulo é absolutamente enfático nas afirmações. Se não se tiver a caridade, de nada vale possuir o dom da profecia, conhecer todos os mistérios e toda a ciência,

---

[13] ROJAS, E., *El hombre light;* una vida sin valores. Madrid, Temas de hoy, 1992.

alcançar tanta fé a ponto de transportar montanhas, repartir toda a fortuna, entregar o corpo ao fogo etc. (1Cor 13,1-3).

Suposta a caridade, Paulo avança sua reflexão. Um carisma extremamente valorizado no movimento carismático, como o da glossolalia, merece de Paulo uma consideração bem matizada. Vê nele mais um dom em vista do indivíduo. Por isso, sobrepõe a ele os dons do apostolado, da profecia e do ensino que visam mais à construção da comunidade. Aí Paulo estabelece o critério eclesiológico do bem da comunidade. Mais importante que o carisma está a construção da comunidade, dos que crêem em Jesus Cristo, em torno de sua memória. E o lugar privilegiado para fazer memória de Jesus é a eucaristia. O movimento carismático, quando se afasta das celebrações eucarísticas na comunidade de fé, desvia-se da verdadeira fé cristã. Pode responder a muitos anseios religiosos, mas não necessariamente cristãos.[14]

Um outro critério vem da práxis. Os sinópticos e S. João estabelecem como sinal de autenticidade da fé cristã o amor ao irmão, sobretudo o mais necessitado. Sem opção pelos pobres, não há carisma verdadeiro. Não se pode, é verdade, reduzir a opção pelos pobres a algumas formas concretas. No entanto, ela deve estar presente necessariamente na fé cristã. É dimensão intrínseca.

Toda crítica à onda carismática, que explode no mundo inteiro, só tem sentido se a Igreja apresenta uma resposta concreta a ela. Isso acontecerá se ela assimilar os valores de tal movimento e redescobrir em si mesma a dimensão mística que sempre a alimentou. Com essa nova sensibilidade espiritual, tem-se hoje mais facilidade de captar a riqueza mística da tradição da Igreja e do momento atual, incorporando-a em sua liturgia, oração, teologia, vida pastoral.

Resumindo

• *Além das clássicas formas religiosas do fascínio e do medo, vivemos hoje no meio de muitas crenças. A experiência do sagrado esconde-se atualmente em muitas formas de culto ao corpo, de grandes eventos musicais ou desportivos etc.*

• *O Cristianismo, que nasceu da fé no Ressuscitado, foi lentamente, ao longo dos séculos, assumindo formas religiosas e nutriu a fé religiosa popular com bastante competência. Cumpriu também a função de anunciar um evangelho que pedia a acolhida da fé.*

• *A Igreja Católica seguiu a regra geral das instituições religiosas, ao ampliar lentamente sua face institucional em detrimento dos anseios e aspirações religiosas dos movimentos de fervor. Estes ou se desligaram da*

---

[14] Ver as orientações da Igreja do Brasil: Documentos da CNBB, *Orientações Pastorais sobre a Renovação Carismática Católica*, n. 35, São Paulo, Paulinas, 1994.

Igreja ou se acomodaram dentro dela. No momento atual, ela vive, mais uma vez, de modo agudo, essa situação. Muitos deixam a Igreja Católica e vão em busca de outras formas religiosas mais expressivas. Um grupo tem encontrado no seu interior guarida, sem conflitos radicais. Mas não se sabe até quando. Terminamos com algumas reflexões pastorais: como, a partir da fé cristã, entender o fenômeno religioso geral, como tal, e o movimento carismático no interior da Igreja.

Aprofundando

Nessa significativa maré religiosa, o cristão é tentado a descuidar do lado racional de sua fé, sobretudo quando culturalmente a própria razão está desacreditada. Como enfrentar o enfraquecimento da razão com uma fé que não pode renunciar à busca da verdade?

Perguntas para reflexão e partilha

1. Em que pontos aparece a distinção entre a experiência religiosa e a experiência de fé e em que pontos elas se aproximam?

2. Na minha vida pessoal, como a minha fé exerce função crítica diante das experiências religiosas?

3. Na atual conjuntura de Igreja, como desenvolver uma pastoral que respeite os anseios religiosos das pessoas, mas, ao mesmo tempo, guarde a lucidez crítica?

Bibliografia complementar

CALIMAN, Cl. (org.). *A sedução do sagrado*. Petrópolis, Vozes, 2000.

LIBANIO, J. B. *Deus e os homens;* os seus caminhos. 3. ed. Petrópolis, Vozes, 1996. pp. 21-39.

LIMA VAZ, H. Cl. de. *Escritos de filosofia;* problemas de fronteira. São Paulo, Loyola, 1986. v.1, pp. 241-256.

VALLE, E. *Psicologia e experiência religiosa*. São Paulo, Loyola, 1998.

Capítulo quarto

CRER NUM MUNDO DE CRISE DA RAZÃO

> *"A fé e a razão constituem como que as duas asas pelas quais o espírito humano se eleva para a contemplação da verdade."*
>
> João Paulo II

A Encíclica *Fides et ratio* do papa João Paulo II trouxe para o centro do cenário da fé a presença da razão, problema que nunca esteve ausente na longa trajetória histórica da teologia cristã. Fé e razão viveram as mais diversas vicissitudes. Conheceram figuras em que o pólo da razão oscilou entre sua prepotência perscrutadora e sua demissão céptica. A fé cristã nunca se deu bem com essas posições extremas. Poder-se-ia pensar que a razão fosse sua grande inimiga e, quanto mais fraca ela se sentisse, mais espaço se abriria para a fé. Puro engano. O enfraquecimento da razão pode favorecer experiências religiosas, mas certamente perturba a limpidez da fé cristã.

1. ALGUMAS FIGURAS HISTÓRICAS DA RELAÇÃO FÉ CRISTÃ E RAZÃO

Não se trata de fazer um estudo histórico dessa longa trajetória. Escolheremos algumas figuras que aconteceram na história. Não seguiremos uma ordem cronológica, porque uma mesma figura pode ter existido no seu núcleo em tempos bem diferentes. Ou, mais exatamente, ela está sempre presente em todos os momentos, embora com matizes diversos.

1.1. A fé religiosa e a razão

A fé cristã sempre viveu e vive uma tensão com a dimensão religiosa. Sente profunda atração pela experiência religiosa, mas toma distância dela por força de um dinamismo interno. Por sua natureza de resposta a uma Revelação, a fé cristã, nos seus primórdios, teve problemas com a religiosidade pagã. De um lado, alguns pagãos chamaram os cristãos de ateus.[1] De outro, criticaram-nos, chamando-os de supersticiosos por causa dos ritos religiosos, da pregação do fogo eterno, da maneira de querer

---

[1] Justino, S. *Apologia I*. p. 6.

conduzir as pessoas à virtude pelo medo e não pelo amor da beleza. Acusaram-nos de ateísmo, incestos, sacrifícios de crianças com manducação de sua carne (canibalismo). Assim os pagãos interpretavam os ágapes eucarísticos dos cristãos. Julgavam os cristãos turba sem cultura, que adotavam doutrina bárbara, absurda, manifestação da loucura mística que vem do Oriente e que se expande por obra de charlatões. Os pagãos cultos se escandalizavam com um Deus encarnado no meio dos seres humanos.[2]

Assim, já nas suas origens, escritores da Igreja como S. Justino, Atenágoras, Orígenes e tantos outros se deram ao trabalho de demonstrar a congruência entre a razão e a fé. S. Justino fez questão de ser filósofo e cristão, mostrando a aliança entre ambas. Viu nos profetas uma filosofia segura e frutuosa. Tentou mostrar como escritos de filósofos e poetas pagãos compõem-se com o ensinamento de Cristo.

Razão e fé em S. Justino

"A razão quer que aqueles que são verdadeiramente piedosos e sábios julguem exclusivamente a verdade e recusem seguir as opiniões dos antigos, se elas são más. Pois não somente a sã razão ordena de não seguir aqueles que fazem ou ensinam a injustiça, mas o amigo da verdade deve de toda maneira, mesmo em perigo de morte, observar a justiça em suas palavras e ações" (S. Justino, *Apologia*, I, 2).

"Sobre certos pontos, estamos de acordo com os mais estimados de vossos filósofos e poetas; sobre outros, temos uma doutrina mais elevada e mais digna de Deus; provamos o que afirmamos; por que este ódio injusto e excepcional contra nós?" (I, 20).

"Eis o que queremos provar-vos: esses ensinamentos que recebemos de Cristo e dos profetas, seus predecessores, são únicos, verdadeiros, e mais antigos que aqueles de vossos escritores; e se vos pedimos de aceitá-los, não é em razão dessas semelhanças, mas porque são verdadeiros" (I, 23).

No século II, a fé cristã se defende de movimentos espiritualistas, messiânicos, escatológicos, sobretudo do montanismo com suas manifestações extáticas, com o anúncio da descida iminente da Jerusalém celeste.[3] Na Idade Média, houve contínuos surtos espiritualistas que ou desbordaram da Igreja institucional e da ortodoxia teológica ou se mantiveram em limites toleráveis. Exemplo paradigmático foi o abade Joaquim de Fiore (1132-1202). Simboliza a tendência de conceber uma fé escatológica realizada na terra, transformando a esperança em utopia.[4] Dito em termos mais simples, é a contínua tentação de querer realizar o céu na terra. Suas idéias foram condenadas no Concílio de Latrão (1215).

---

[2] LECOMPTE, D. *De l'athéisme au retour du religieux;* Dieu, toujours Lui? Paris, Plon/Mame, 1996. pp. 52-82.

[3] BARDY, G. Montanisme. *Dictionnaire de théologie catholique.* Paris, Letouzey & Ané, 1929, X/2 col. 2355-2370.

[4] Ver a excelente apresentação do pensamento desse pensador medieval: LUBAC, H. de *Exégèse médiévale;* les quatre sens de l'écriture. Paris, Aubier, 1961. II partie, I, pp. 437-558; e as obras do mesmo autor: *La postérité spirituelle de Joachim de Flore;* Joachim à Schelling. Paris, Lethielleux, 1979; II. *De Saint-Simon à nos jours.* Paris, Lethielleux, 1981.

Ainda na Idade Média, o movimento dos pobres assumiu formas diversas. Uns caminharam por sendas independentes da aprovação de Roma, outros se mantiveram nas Ordens mendicantes. Muitos desses pobres se inspiraram nas idéias de Joaquim de Fiore. Seria, mais uma vez, a razão institucional que poria fim a descaminhos.

O ponto em torno do qual os movimentos giram pode variar: pobreza, exigência de maior pureza e ascese, milenarismo, espiritualismo até as raias do extático. No entanto, está em jogo uma fé que deixa as trilhas da razão e se enevereda pelo emocional, por convicções pessoais, por práticas singulares.

1.2. A fé racional e a razão

A fé cristã quis também mostrar sua racionalidade não unicamente diante de surtos emocionais, mas também diante da própria razão. Viveu tal relação, ora de modo harmonioso, ora conflitivo. Vejamos essas situações.

a) Momento de harmonia

A teologia teve nas obras de Santo Agostinho e de Santo Tomás momentos máximos da harmonia entre fé e razão.

Santo Agostinho parte da experiência humana de querer conhecer. Acrescenta, porém, algo surpreendente para nós, hoje, e que para sua experiência de fé era claro. A fé antecede o desejo de querer entendê-la melhor. A prova é simples. Quem vem ouvir um sermão para entender melhor a fé vem porque crê. Logo, a fé vem antes. Mas a razão serve para "regar, nutrir e robustecer esse germe da fé". Santo Agostinho resume seu pensamento nessa frase: *"Entende — minha palavra — para crer; crê — na palavra de Deus — para entender"*.[5]

Santo Tomás leva tal reflexão à maturidade, obtendo a mais bem sucedida harmonia entre razão e fé. A fé pertence ao mundo da graça, da relação com Deus. Como crer, confiar num Deus que não vemos? De maneira cega? De jeito nenhum, dirá Santo Tomás. Nesse caso, a fé seria irracional. Exatamente como o amor humano. Pertence a um mundo diferente da pura razão. Nem por isso amamos cega e irracionalmente. Temos indícios concretos, "sinais" visíveis que nos permitem amar alguém de maneira razoável. Assim temos "sinais" que Deus nos dá para que nossa fé nele não seja nem conclusão obrigatória desses sinais, tampouco puro salto no escuro. Os sinais deixam espaço para nossa liberdade e para a graça de Deus. Salvam a fé de um puro arbítrio irracional, emocional. Esses sinais são os milagres, a beleza e a santidade que envolvem todo o processo da Revelação de Deus, especialmente a pessoa de Jesus. É fácil entender por que a razão e a fé se harmonizam. É o mesmo Deus que se

---

[5] Obras de San Agustín. Sermones, *Sermón 43*. Madrid, BAC (53), 1950. Tomo VII, pp. 732-742.

revela e que cria a nossa razão. Ao criar a nossa razão, Deus deixa nela sua marca: uma abertura para ele. Quando vem com sua Revelação e graça, ele aperfeiçoa essa razão para ela nele se apoiar, nele crer. Bela harmonia!

A dupla perfeição da razão humana

> Ora, Deus aperfeiçoa a razão do homem de dois modos: um primeiro modo, por meio de uma perfeição natural, a saber, pela luz natural da razão; um outro modo, por uma certa perfeição sobrenatural, por meio das virtudes teologais... E, embora essa segunda perfeição seja maior que a primeira, contudo, a primeira perfeição o homem a possui de modo mais perfeito que a segunda, já que o faz a modo de posse plena; e, por sua vez, a segunda ele a possui de modo imperfeito; de fato, amamos e conhecemos a Deus imperfeitamente (Santo Tomás, *Summa Theologiae*, 1-2 q.68 2c).

Com essa compreensão da fé e da razão, o diálogo se fazia sem maiores atritos. Havia um ponto último de referência comum, ou seja, Deus é, ao mesmo tempo, término da razão e início da Revelação, a partir do qual se discutiam os caminhos dessas duas grandezas. Tinha-se a convicção de que não reinava entre ambas — razão e Revelação — nenhuma contradição insuperável. As divergências podiam ser resolvidas na paciente busca de entendimento.

b) Início de uma ruptura

Essa tensão harmoniosa chega, no século XIII, a sua expressão maior e inicia-se então o processo do conflito. Em que vai consistir tal ruptura? Por que a fé e a razão se estranharam de maneira excludente? Que mudanças se introduziram na compreensão da razão e da fé?

c) Mudanças na compreensão da razão

Enquanto a razão humana compreendia sua autonomia como aquela que Deus lhe dera, não se sentia em choque com a fé. Ambas reconheciam o campo próprio da outra. A fé recorria à Revelação como a sua fonte principal e usava dos recursos de reflexão que a razão lhe oferecia. Esta sabia que tinha limites e que não podia opor-se às verdades que Deus, seu criador, lhe comunicasse.

Lentamente, a razão humana começou a reivindicar uma autonomia crescente, desde a Idade Média, com uma interpretação materialista de Aristóteles.[6] Já não aceita, sobretudo a partir da modernidade, uma instância superior que lhe seja exterior a ela. Declara uma absoluta independência diante da Transcendência divina. Ela se declara autônoma, isto é, lei (*nomos*) de si mesma (*autos*). Se a razão é sua própria lei, que diálogo pode ter com uma realidade que estabelece, sim, uma razão, um *logos*, uma Palavra, só que divina, transcendente? A razão humana diante dessa Palavra terá duas atitudes possíveis. Ou sente-se violentada na sua autonomia e a rejeita como intrometida em seu mundo, ou a considera inacessível, ininteligível, já que fala de realidades cujo alcance lhe escapa.

---

[6] LIMA VAZ, H. Cl. de. Metafísica e fé cristã; uma leitura da *Fides et ratio*. *Síntese, Revista de Filosofia* 26 (1999) 301.

Quantas vezes vemos e ouvimos pessoas rejeitarem a fé precisamente porque se sentem lesadas nos seus direitos de escolha, de decisão. Fé é coisa pessoal, de cada um. Não tem nenhuma racionalidade. Pois tudo o que é racional, de certa maneira, é universal, afeta a todos os seres racionais. Se a fé tivesse essa dimensão de racionalidade, ela certamente precisaria dizer alguma coisa a todas as pessoas, e estas deveriam sentir-se questionadas. É exatamente isso que não se aceita.

Ou passamos para a outra atitude ainda mais comum. Se a fé não pertence ao mundo da racionalidade, ela freqüenta o nosso lado emocional. Fé se identifica com expressões religiosas emocionais e não precisa ser confrontada com o tribunal da razão.

As pessoas atualmente estão interessando-se menos por discutir o que é verdade ou não. Isso é problema pessoal. E, além disso, para que discutir questões filosóficas ou teológicas que não resolvem o problema da fome? Importante mesmo é usar a razão para melhorar nossa vida com o desenvolvimento das ciências e tecnologia, isto é, desenvolver uma razão instrumental.

Razão instrumental
Por "razão instrumental", entendo essa racionalidade que utilizamos quando avaliamos os meios mais simples para chegar a um fim dado. A eficácia máxima, a maior produtividade medem-lhe o sucesso (Ch. Taylor, *Le malaise de la modernité*, Paris, Du Cerf, 1994, p. 12).

De novo, descendo ao nosso cotidiano. Que significa isso? Essa razão torna-se absolutamente incapaz de entender a gratuidade, o dom, a vida. Evidentemente tal razão não tem a mínima condição de dialogar com a fé. Esta tem seu último fundamento na iniciativa gratuita de Deus que dirige sua Palavra ao ser humano. Em vez de entender essa Palavra como um discurso à capacidade de escutar do ser humano, a razão percebe-a supérflua, vazia de sentido, comparável com um suspiro, já que não se presta a melhorar o mundo.

O máximo que a razão aceita é uma fé que pode servir, na prática, aos interesses materiais. Pode-se, então, usá-la, em algumas formas atraentes, como mercadoria a ser vendida especialmente pelos meios de comunicação social. Instrumentaliza-se a fé a serviço do mercado: vendem-se produtos religiosos.

d) Mudanças na compreensão da fé por parte da razão

Como estamos vendo, dessa maneira a fé mudou de sentido. Ela não faz parte de nosso mundo racional, a não ser indiretamente. Diretamente fala de salvação e de coisas de outra vida. É questão de interesse pessoal. Só serve para quem realmente crê. Ou se transforma em mercadoria. Não tem nada a dizer ao homem e à mulher modernos, que se julgam maduros em relação à própria razão.

A razão moderna, parafraseando o rei Luís XIV, diz: "a razão sou eu". E eu apenas. Só eu tenho conhecimentos objetivos, verdadeiros, úteis, operacionalizáveis. A fé não serve para mim. No entanto, respeito que as pessoas queiram ter sua própria fé. É direito delas. A religião, continua falando a razão moderna, é coisa pessoal, não se discute. É o mundo da preferência. Sua última e praticamente única referência é a interioridade de quem a escolhe.

Parece uma posição de respeito à fé, mas, no fundo, revela alto desdém, desqualificando-a do universo da realidade objetiva, da verdade sobre a qual a inteligência pode se pronunciar. Assim pensa a ciência moderna a respeito das afirmações de fé.

O neopositivismo vienense

Vão aqui algumas idéias retiradas do "Manifesto do Círculo de Viena", 1929, redigido por H. Hahn, O. Neurath e R. Carnap.

Propugna uma "ciência libertada da metafísica", a saber, de todo produto intelectual que não se ajuste à experiência empírica. "Há superfície e por detrás dela não há nada... O todo não é outra coisa que superfície." Não há mistérios; há problemas. E os problemas podem ser claramente formulados, investigados e resolvidos. "É real tudo [e somente] o que pode ser integrado no conjunto do edifício da experiência... A concepção científica do mundo não admite como conhecimento incondicionalmente válido a não ser o que tenha sua fonte na razão pura... Só existe o conhecimento experimental que se apóia sobre o imediatamente dado" (J. L. Ruiz de la Peña, Crisis y apología de la fe: evangelio y nuevo milenio, Bilbao, Sal Terrae, 1995, pp. 30-32ss).

e) Mudança da autocompreensão da fé

Diante desses questionamentos da razão, a fé modificou sua própria maneira de entender-se. Foi deslocando cada vez mais para uma realidade interpretada no fundo da consciência das pessoas. Mais próxima do sentimento do que da razão, da vivência do que da verdade. Com isso, a "Revelação não pode ser outra coisa senão a consciência adquirida da relação pessoal com Deus", conforme a célebre frase de A. Loisy. Não se busca tanto a Revelação fora, em Deus, mas muito mais no sujeito que crê.

A razão conhece a verdade da fé, mas acentuam-se o lado subjetivo, afetivo e o sentimento. A Revelação se dá na consciência que as pessoas têm da sua relação com Deus. Essa compreensão subjetiva e intimista da fé pode assumir posições extremas, que transformam a fé numa pura criação do sujeito — portanto, incompatível com a verdadeira fé cristã —, até posições aceitáveis. Mas, em todo caso, estamos distantes do tempo da harmonia entre razão e fé, seja pelo excesso da racionalização da razão, seja pela subjetivação crescente da verdade. As duas grandezas assumiram caminhos opostos. A disjunção tende a crescer.

1.3. Retorno ao ponto de desvio

A imagem do caminho pode ajudar-nos a entender essa relação. Até determinado ponto, os caminhos se intercomunicavam. Tinham um ponto em comum que permitia essa comunicação. Em dado momento, deu-se o desvio. À medida que ambos avançam, a distância entre eles cresce. E a tendência é de nunca mais se encontrarem. Alguém, em determinada encruzilhada, toma o caminho errado. Quando é que se dá conta de que o caminho está errado? E o que fazer, então?

Enquanto as paisagens do caminho responderem aos desejos da pessoa, ela não percebe o erro. Sente-se bem na caminhada. De repente, a estrada torna-se inviável, perigosa, cheia de espinhos e despenhadeiros ou tudo parece tão estranho que a pessoa levanta a dúvida: será que não errei de caminho?

a) A paisagem de beleza

Olhemos para a razão e para a fé. Que acontece quando elas tomam caminhos equivocados? Que espinhos e despenhadeiros aparecem? Como, então, elas começam a questionar o próprio itinerário?

Nos primeiros séculos de distanciamento da razão em relação à fé, o cenário parecia maravilhoso. A razão libertava-se da imposição autoritária das igrejas, de seu clero. Culpa, medo, repressão eram a paisagem anterior. Agora, liberdade, leveza e liberação configuram o novo cenário. A razão já não devia prestar contas a nenhuma outra instância diferente dela mesma. Saiu da escravidão do Egito para a terra prometida da liberdade.

Enquanto assim se percebia, não havia nenhuma chance de levantar a mínima dúvida sobre a escolha do caminho. Fora absolutamente acertada. Em nome da felicidade, da liberdade, da autonomia, da responsabilidade, da maturidade adulta, proclamavam-se mortos aqueles tempos antigos do domínio da fé sobre a razão. Pululuram leituras lendárias sobre a Idade Média como símbolo daquele momento de trevas. O termo para significar essa liberdade da razão traduz bem o clima: *Aufklärung*: "Iluminismo", "Iluminação", "As Luzes". Logo, antes era escuridão, obscurantismo. Forjou-se também o termo "moderno", em oposição ao "antigo", como atrasado.

A fé também trilhou seu caminho solitário. Tornou-se absoluta. Tinha todas as certezas. Do alto de seu tribunal, julgava e condenava todas as ciências que iniciavam com ela uma longa carreira de conflitos. O "caso Galileu" assumiu caráter exemplar. Depois dele vieram muitos outros. Quanto mais a razão afirmava sua autonomia e independência, mais a fé apertava o torniquete de sua autoridade e poder sobre a razão.

O distanciamento não se fez pela via da indiferença e do desconhecimento, mas do combate. Este se travava no nível da cultura e descia às medidas políticas. No último ano do século XVI, em 1600, a Inquisição executou, em nome da fé, um defensor da razão independente: Giordano Bruno.

Giordano Bruno

Nasceu na Itália (Nola) em 1548. Dominicano. Sacerdote. Abandona o claustro. Tem uma vida muito agitada. Perambula por vários países da Europa, sempre perseguido. Adere um tempo à fé calvinista. Denunciado à Inquisição, sofre oito anos de prisão com torturas, miséria física. É condenado à fogueira por causa de suas idéias filosóficas e teológicas, consideradas heréticas. Morre em 1600, em Roma. Pensador vigoroso, inquieto, sustentava a separação entre religião e filosofia, entre a razão filosófica, que age de acordo com os princípios naturais e com a luz natural da inteligência, e a verdade revelada, que age pela iluminação sobrenatural da fé. Ao ouvir a sentença de condenação, diz aos juízes: "Tendes talvez mais medo de proferir a sentença contra mim do que eu em recebê-la". Foi defensor ardoroso da liberdade filosófica contra o tradicional princípio de autoridade.

"Nunca deve valer como argumento a autoridade de qualquer homem, por excelente e ilustre que seja... É sumamente injusto submeter o próprio sentimento a uma reverência submetida a outros; é digno de mercenários ou escravos e contrário à dignidade humana sujeitar-se e submeter-se; é suma estupidez crer por costume inveterado; é coisa irracional conformar-se com uma opinião devido ao número dos que a têm... É necessário procurar sempre, em compensação, uma razão verdadeira e necessária... e ouvir a voz da natureza" (G. Bruno, Dedicatória Ad divinum Rodulphum II imperatorem, Articuli 160 adversus mathematicos, citado por R. Mondolfo, Figuras e idéias da Filosofia da Renascença, São Paulo, Mestre Jou, 1967, p. 59s).

Se a razão moderna, nos seus representantes mais famosos — L. Feuerbach, Hegel, Marx, Nietzsche, Freud —, permaneceu implacável na sua oposição à Revelação, a fé, porém, em um amplo setor da expressão católica, nunca se distanciou totalmente da razão. A fé percebeu com clareza que, ao negar-se a si mesma a validez racional, ela se autodestruiria. Procurou um equilíbrio difícil, que o Concílio Vaticano I testemunha.

A exclusão da razão do ato de fé reduzia-o à pura graça, ou a voluntarismo perigoso, ou ainda, à simples emoção. Todas as hipóteses nefastas para a fé. Se for pura graça, não importa nada o conteúdo objetivo da fé. Para que toda a História da Salvação? Para que os ensinamentos de Jesus? Para que a Igreja como "guarda e intérprete da Revelação"? Tudo se dá no interior do coração humano num jogo inefável da ação de Deus e da liberdade humana. Aí não interferem os critérios humanos de verdade. Se se reduz só à vontade ou a emoção, a fé está entregue à arbitrariedade de cada pessoa.

A razão sempre será exigida no ato de fé. A expressão católica nunca aceitou uma fé totalmente distanciada da razão. Ficou presa, no entanto, a uma concepção de razão diferente daquela que a ciência moderna desenvolveu.

Concílio Vaticano I

"Ainda que a fé esteja acima da razão, nunca pode haver nenhuma discórdia verdadeira entre a fé e a razão. Pois, uma vez que é o mesmo Deus aquele que revela os mistérios, infunde a fé e aquele que dá ao espírito humano a luz da razão, ele não pode negar a si mesmo, nem a verdade contradizer a verdade" (DS 3017).

"Não somente a fé e a razão nunca podem discordar entre si, como também prestam mútua ajuda. Assim acontece quando a reta razão demonstra os fundamentos da fé e cultiva, ilustrada pela luz da fé, a ciência das coisas divinas. E, por sua vez, a fé livra e defende a razão de erros, e a instrui com muitos conhecimentos" (DS 3019).

b) Muda-se a paisagem da fé

A fé e a razão permaneciam muito convencidas de sua verdade. Não havia espaço e clima para nenhum diálogo. Até quando isso continuou?

A fé sentiu primeiro que tinha de enfrentar o problema da razão moderna. Se ficasse presa à sua concepção antiga, continuaria provocando crescente esvaziamento da Igreja e das igrejas. Primeiro, as igrejas — construções onde as pessoas se reúnem para o culto — minguaram em freqüência. A evidência do fato se impôs logo depois da Segunda Guerra Mundial. Os sociólogos da religião interessaram-se pelo estudo da freqüência religiosa. Mais grave ainda foram as saídas da Igreja — como instituição que congrega seus fiéis —, tanto católica quanto protestante, especialmente na Europa do Norte, processo que se vem estendendo aos países do Sul da Europa.

c) A fé faz seu exame de consciência

Ao ver o panorama da evasão religiosa, o cristão se perguntou: "Como se pode ser fiel à fé e, ao mesmo tempo, viver no coração da modernidade?". Os maiores teólogos da Europa se deram à tarefa de responder, bem ou mal, a essa pergunta. O sucesso prático não tem sido muito alvissareiro. Contudo, sem as tentativas de resposta, o quadro ter-se-ia tornado ainda mais dramático.

Depois do Concílio Vaticano II, que foi o extraordinário esforço de toda a Igreja Católica para responder a questão da razão moderna, os países católicos da América Latina começaram, ao mesmo tempo, a sofrer o impacto da modernidade e a defrontar-se com as respostas do Concílio. Na Europa, foi diferente. As perguntas da modernidade vinham sendo levantadas desde o final da Idade Média e a resposta oficial tardou muito a vir com o Concílio Vaticano II. Na América Latina, os dois processos foram vividos simultaneamente, de tal maneira que os conservadores acusam o próprio Concílio de ter levantado a problemática moderna com toda a crise que ela provocou de evasão da Igreja.

d) Muda-se a paisagem da razão

A modernidade avançada, também chamada de pós-modernidade, começa a descortinar um cenário diferente, sobretudo no campo das ciências, das possibilidades tecnológicas, do conforto. E, no universo científico, dois campos avançam promissoramente: a engenharia genética e a informática. Elas anunciam horizontes infinitos absolutamente inimagináveis para o futuro. A razão instrumental prossegue, portanto, seu avanço inexorável.

Por outro lado, os monstros da razão povoam a humanidade de medos apocalípticos. O mundo tem-se horrorizado diante das terríveis loucuras da razão tecnológica, cujo conhecimento se torna cada dia mais evidente.

Basta recordar as palavras: Auschwitz, Gulag, bomba atômica, Vietnã, bomba napalm, tráfico de drogas, indústria de armamentos, manipulações genéticas perigosas, "carne de vaca louca", Aids, destruição do meio ambiente, racismo, genocídio, xenofobia, poluição incontrolável, extermínio da biodiversidade etc.

Ser humano, satã da Terra

Inegavelmente, o ser humano nas sociedades atuais se colocou no centro de tudo. Tudo deve partir dele e retornar a ele. Tudo deve estar a seu serviço. Sente-se como um Prometeu, capaz de debelar com seu ingênio e força todos os obstáculos que se opõem ao seu propósito.

E seu propósito é o dominium terrae, a conquista e dominação da Terra. Nietzsche o expressou bem: a vontade de poder-dominação define o perfil do ser humano das sociedades modernas (L. Boff, *Ecologia; grito da terra, grito dos pobres*, cit., p. 110).

Algo vai mal com a razão. Na origem de todos esses males, esconde-se a razão moderna instrumental, perseguindo metas e objetivos com competência e eficácia, mas sem considerações éticas. Haja vista a competência perversa da razão ao matar milhões de judeus em tão pouco tempo. Razão satânica, mas razão.

e) A razão faz seu exame de consciência

Num primeiro momento, o exame de consciência da razão moderna, instrumental, utilitarista, se faz buscando saber por que ela se reduziu a tal estreiteza. Essa busca vai na direção de descobrir outras facetas da mesma razão e não em direção à fé nem à Transcendência. Há uma convicção de que a razão é capaz de salvar a razão.

Há um esforço de recuar ao início da modernidade e aí descobrir uma razão mais rica, complexa, que teria esgalhado em dois ramos: razão instrumental e razão comunicativa. A primeira rege o mundo do útil, do produtivo. Ela se propõe objetivos. Em vista deles, organiza os meios de maneira eficiente, competente, a baixos custos e elevados benefícios. Os objetivos não se regem por valores superiores. Eles são estabelecidos por interesses bons ou perversos, conforme quem os escolhe. Em todos os casos, a razão instrumental busca ser eficiente, competente e econômica.

A razão comunicativa visa criar uma comunidade de comunicação e relação entre as pessoas. Cada um quer que os seus argumentos sejam reconhecidos como válidos, assim como os do outro parceiro e de todos os seres humanos. Excluem-se toda coação, todo privilégio, toda cátedra impositiva. Todos podem exprimir sua opinião. É o mundo da tolerância, desde que se fundamente a própria posição e se submeta à contraposição de argumentos discordantes. Busca-se um consenso, respeitando a validade dos argumentos de todos. Corrige-se toda relação comunicativa mutilada, obstaculada. Antecipa-se a forma ideal de vida, regida pela verdade, liberdade, justiça.

Essa prática comunicativa supõe que as pessoas compartilhem dados comuns, conversem entre si sobre as coisas na base de conhecimentos comuns, de interpretações da vida das gerações anteriores, conservadas pela tradição. Todos estão conscientes de que participam de convicções básicas, de verdades comumente aceitas. Por isso, podem conversar. São sujeitos que recorrem à linguagem para entenderem-se.

Nessa perspectiva, acredita-se que a prática comunicativa consegue corrigir as distorções de uma razão instrumental, utilitarista, que transforma os problemas humanos e políticos em técnicos. Critica-se a falsa neutralidade das ciências, já que têm interesses. Clama-se por uma ética que critique as ciências. Pois, onde há interesses, há valores. Onde há valores, há ética.

Ciência e Ética

A ciência é primeiro e antes de tudo uma atividade humana, cujas orientações de pesquisa são feitas de escolhas, apoiando-se, por sua vez, sobre opções em que intervêm crucialmente valores individuais, sociais ou culturais. A atividade científica é, portanto, estreitamente ligada a opções éticas. A ciência é um "olhar" bem particular sobre a natureza, e o olhar não tem sempre o mesmo valor moral!... A carga ética da ciência se manifesta cada vez mais, hoje, em razão do gigantismo dos meios necessários para o avanço da pesquisa dita fundamental (D. Lambert, *Sciences et théologie. Les figures d'un dialogue*, Bruxelle, Lessius, 1999, p. 35ss).

A ética critica a razão humana movida por objetivos com interesses e valores. Entretanto, mesmo sendo os objetivos éticos, nem todos os meios o são. E, finalmente, a prática científica vem sendo cada vez mais financiada por poderes econômicos, cujos interesses nem sempre são confessáveis. A ética condena a razão instrumental, que destrói o meio ambiente (ética ecológica), que atenta contra a vida humana (bioética), que ameaça a família (ética familiar), que envolve procedimentos ilícitos nas relações econômicas (ética econômica), que distorce o convívio social humano (ética política), que corrompe o universo simbólico (ética da cultura, da mídia) etc.

A religião também acusa a razão, ao tentar, em vão, secularizar o mais profundo do ser humano, secando-lhe a seiva nutriente da relação com o Sagrado. Acusa também a razão moderna secularista de ter pretendido explicá-la como projeção dos desejos humanos, sinal de infantilidade psíquica, ópio do povo, expressão dos fracos, demissão da liberdade e responsabilidade.

2. É POSSÍVEL O REENCONTRO DA RAZÃO E A FÉ CRISTÃ?

A esse reencontro se dirige o apelo de João Paulo II na Encíclica *Fides et ratio*. Evidentemente não será nunca possível, se ambas as grandezas, apesar de todos os sinais inequívocos de perigos e riscos dos caminhos encetados por elas no desvio da modernidade, não quiserem abandoná-los.

Filósofos recentes permanecem firmes na convicção de que a autonomia da razão é absolutamente incompatível com o reconhecimento de uma Transcendência real, isto é, de Deus. Eles julgam tal rejeição, fruto de longo debate teórico dos dois últimos séculos, como um processo definitivo, irreversível. M. Conche, retomando uma afirmação de Montaigne: "Somos cristãos ao mesmo título que somos perigordinos ou alemães", narra seu itinerário filosófico a partir do fato de ter nascido num país cristão e numa família católica. "O sofrimento das crianças", diz M. Conche, "é um mal absoluto." E, diante dele, toda e qualquer teodicéia fracassa, isto é, nenhum argumento provando a existência de Deus se sustenta. Tal realidade contradiz a Providência. Ora, um Deus sem Providência é inconcebível. Acrescenta: "Vi-me ateu, para grande satisfação da minha razão, talvez também para minha satisfação pessoal, porque, desde o surgimento da minha vocação, eu desejava renunciar aos objetos culturais". Os objetos culturais a que se refere eram as noções de "Deus", "alma", "imortalidade da alma", "pecado", "arrependimento", "amor ao próximo" etc., que, "por efeito da pressão e impregnação educativas, haviam adquirido uma espécie de evidência". Para libertar-se de todo resquício cristão, recorre a Homero. Aí encontra a figura de Heitor. Alguém "apenas humano". Basta ser humano. Basta a razão. Para que a fé?[7]

Apesar desse extremo humanismo, que expurga todo vestígio de fé, aparece, em outro autor da mesma perspectiva, uma fresta para o diálogo. Ele percebe que nesse mundo puramente criado existe algo que nos fala de Transcendência. Ainda não é a Transcendência da fé. Não se refere a uma realidade que tenha sua existência própria, a que chamamos de Deus. Ele diz que, ao abrir os olhos, vê uma realidade que não foi criada por ele, percebe um invisível presente em todo visível, uma "ausência" em toda presença. Assim como a melodia é mais que a soma das notas, assim também há uma "transcendência" em toda imanência.[8]

Continua dizendo esse autor que o ser humano busca sentidos para seu dia-a-dia. E vive com esses pequenos sentidos. No entanto, quando se elencam muitos sentidos para viver o cotidiano, não se consegue escapar, diz ele, de uma pergunta maior: qual é "o sentido" desses sentidos? Por esse caminho, sem, porém, aderir à fé, o autor busca uma Transcendência no interior da realidade humana, terrestre, finita que o ilumine até a morte e o permita morrer com dignidade. Mais longe essa filosofia não alcança e, portanto, o verdadeiro diálogo com a fé ainda está fechado.

A modernidade, prosseguem alguns filósofos atuais, não se identifica com a "onipotência do eu", nem com o individualismo narcisista, nem com

---

[7] CONCHE, M. *A análise do amor*. São Paulo, Martins Fontes, 1998, de modo especial, o capítulo: *Tornar-se grego*, pp. 103-129.
[8] FERRY, L. *L'homme-Dieu ou le Sens de la vie. Essai*. Paris, B. Grasset, 1996. p. 49ss.

o fim da espiritualidade e transcendência no sentido de uma imersão total no mundo materialista da técnica. O próprio ser humano torna-se o fundamento dos valores básicos da modernidade. Portanto, a transcendência está no coração do ser humano e não nos céus. Só se aceitam as certezas que suportem o crivo crítico da razão.

Essa razão não aceita a Transcendência real, isto é, Deus, mas somente a do ser humano. Não se identifica, porém, com a afirmação absurda da auto-suficiência do Eu absoluto. Trata-se de uma Transcendência que não antecede à consciência, mas que vem depois, que se encontra nela mesma, que esconde a significação última das experiências vividas. Há em todas as experiências espirituais um "mais", um "excesso", de modo que nunca se pode esgotá-las, sem necessitar, porém, apelar para Deus.

3. A CONTRIBUIÇÃO DO CRISTÃO

Em que o cristão pode colaborar no diálogo entre fé e razão com os humanistas ateus da atualidade? O cristão pode caminhar longo trecho de suas experiências e significados com esse humanismo aberto ao "mais" humano. O cristão não tem nenhuma dificuldade de reconhecer a transcendência de que falam esses filósofos. Julga extremamente importante que ela seja explicitada pela filosofia. Não pensa que se deva imediatamente apelar para Deus, mas seguir tão longe quanto possível o caráter imanente, criatural, humano dos valores.

Toda a racionalidade dessas realidades pode perfeitamente ser admitida pela fé cristã na sua condição e qualidade humana. O aspecto transcendente próprio da fé cristã não violenta a dimensão humana. Pelo contrário, vale dessa reflexão a frase que L. Boff usou para falar da humanidade de Jesus: "Tão humano assim, só pode ser divino mesmo". A transcendência, que a fé descobre nas realidades humanas, manifesta-se pelo excesso de humanidade e não pela sua negação.

Havia uma concepção da fé como algo de fora de nossa realidade humana e em tensão com o humano. Chegava-se a dizer que quanto mais humano, menos sobrenatural e vice-versa. Buscava-se ser sobrenatural, espiritual, negando-se a dimensão humana. O humanismo ajudou a corrigir tal perspectiva. No fato de sermos extremamente humanos, da terra, ligados aos irmãos homens e mulheres, manifestamos a Transcendência de Deus. A única, mas fundamental, diferença entre uma visão cristã e humanista não-crente consiste em que, para a fé cristã, essa Transcendência tem uma realidade independente das realidades criadas. Independente não quer dizer que seja experimentável fora delas. Não. Nelas é experimentada a Transcendência, mas não totalmente identificada com elas.

O cristão vê ainda mais. Sabe que o início dessa experiência da Transcendência nas coisas criadas não é, como dizem os humanistas, o próprio ser humano, mas a gratuidade de Deus que se deixa experimentar nas realidades humanas. O mistério da Encarnação do Verbo divino é o grande paradigma.

Prefácios da Liturgia do Natal

No mistério da encarnação de vosso Filho, nova luz da vossa glória brilhou para nós. E, reconhecendo a Jesus como Deus visível a nossos olhos, aprendemos a amar nele a divindade que não vemos...

Ele, no mistério do natal que celebramos, invisível em sua divindade, tornou-se visível em nossa carne.

No paradoxo da Encarnação, está a grande verdade e novidade da fé cristã. Não se busca uma Transcendência fora, impositiva, intrometida, invasora, mas presente no próprio coração das realidades terrestres. Paul Tillich expressou-o com muita pertinência. Procurou substituir a imagem de "altura" pela de "profundidade". A palavra "altura" pode conotar um Deus distante e indiferente. "Profundidade" opõe-se à "superficial" e a "alto". São profundas tanto a luz da verdade como a noite do sofrimento. E, do profundo do sofrimento, o salmista clama a Deus. Vai-se além da imagem, ao referir-se à "profundidade e à base última, infinita e inexaurível de todo o ser".

A Transcendência é profundidade

O nome dessa infinita e inexaurível profundidade e base de todo o ser é Deus. Essa profundidade é o que significa a palavra Deus. E se essa palavra não tem grande sentido para ti, traduze-a, e fala das profundidades da tua vida, da fonte do teu ser, da tua máxima preocupação, daquilo que tomas a sério sem qualquer reserva. Talvez, para conseguir isso, devas esquecer tudo quanto de tradicional aprendeste acerca de Deus, talvez mesmo a própria palavra. Sabes já muito de Deus se souberes que Deus significa profundidade... Quem conhece a profundidade, conhece Deus.

Esse fundo infinito e inexaurível da história tem o nome de Deus. É isso que a palavra significa, e a isso se referem as expressões Reino de Deus e Providência de Deus. Se essas palavras não tiverem muito sentido para ti, traduze-as, e fala da profundidade da história, da base e do fim da nossa vida social, e do que tomares a sério sem nenhuma reserva nas tuas actividades morais e políticas. Talvez devas chamar esperança a essa profundidade, esperança pura e simples. Porque, se encontrares esperança no fundo da história, estás muito unido aos grandes profetas, que eram capazes de perscrutar a profundidade dos seus tempos, que procuraram escapar-lhe pelo facto de não poderem suportar o horror do que viam, e que, apesar de tudo, tiveram a coragem de sondar até um nível ainda mais profundo, e de aí descobrir a esperança (P. Tillich, *The shaking of the foundations*, Pelican, 1962, pp. 63 e 65, citado por: J. A. T. Robinson, *Um Deus diferente. Honest do God*, Lisboa, Livraria Morais, 1967, p. 25 e 57ss).

Esse caminho aberto por P. Tillich permite dialogar com o humanismo moderno. Limpa o conceito de Deus de exterioridades que impedem de compreender os anseios do humanismo. No entanto, não o despe de toda a Transcendência, reduzindo-o à pura dimensão de criaturalidade, de realidade terrestre. Mantém a tensão necessária.

À medida que a razão moderna sai de seu imanentismo absoluto e a fé purifica-se de um imaginário sobrenaturalista e de um Deus distante, pode-se reencontrar a possibilidade de um diálogo. Uma fé que desposa a racionalidade crítica e uma razão que supera seu fechamento estrito a este mundo.

Resumindo

• *A razão foi lugar privilegiado para a fé cristã inculturar-se. Desde o Novo Testamento, passando pelos Padres da Igreja e por teólogos de todos os tempos, a fé buscou maior clareza de si mesma por meio de procedimentos da razão. No entanto, a relação entre as duas sofreu vicissitudes mil. No início, defendeu-se diante dos filósofos pagãos, afirmando-se como fé respeitadora da razão, refutando as monstruosidades que eles lhe achacavam. Na Idade Média, chegou-se a criar uma relação de imensa harmonia. Santo Tomás foi o exemplar mais perfeito do diálogo entre fé e razão, respeitando as autonomias e valorizando os pontos de contato.*

• *A modernidade assistiu a um período de turbulência que perdura até hoje. A razão assumiu uma posição de absoluta autonomia, inviabilizando qualquer diálogo com a fé. A fé, por sua vez, numa atitude de defesa, tomou também uma posição dogmática, impondo-se e querendo tutelar a razão. Os efeitos nefastos da prepotência da razão moderna fizeram-na mais humilde. A fé reconheceu o seu papel e o da razão. Há, pelo menos, um clima de possível diálogo. O Papa João Paulo II, com a Encíclica "Fides et ratio", recoloca com agudeza o problema desse diálogo. A fé, afastando-se da razão, corre o risco de perder-se no emocional, e a razão, fechando-se à fé, pode enveredar por caminhos perigosos do relativismo, do niilismo. Ambas ganharão muito se voltarem a discutir tanto em termos culturais como no interior de cada pessoa.*

Aprofundando

A crise da razão moderna tem provocado um surto religioso enorme, um individualismo crescente. Quais são os desafios de viver uma fé comunitária num mundo extremamente individualista e afetado por uma cultura de relações informatizadas?

Perguntas para reflexão e partilha

1. Aprofundar os riscos para a fé cristã frente ao descrédito da razão na pós-modernidade. Como atribuir importância ao papel da razão na minha maneira de viver a fé?

2. Como organizar uma pastoral que articule equilibradamente a dimensão religiosa da fé com as suas exigências de racionalidade e de práxis?

Bibliografia complementar

BOFF, C. *Teoria do método teológico*. Petrópolis, Vozes, 1998. pp. 61-109.

JOÃO PAULO II. Carta apostólica *Fides et ratio,* sobre as relações entre fé e razão.

LIBANIO, J. B. A racionalidade da fé. In: *Eu creio, nós cremos;* tratado da fé. São Paulo, Loyola, 2000. pp. 71-189.

Capítulo quinto

A FÉ E A COMUNIDADE

*A Igreja deve estar lá onde haja uma lágrima de alegria
ou de tristeza a enxugar no rosto do irmão e da irmã.*

Card. D. Serafim

A maré religiosa cresce. O cristão vê-se chamado a testemunhar a originalidade de sua fé. A fé, como ato do ser humano, implica racionalidade, liberdade, decisão. Constitui-se fundamentalmente em relação a Deus, em uma comunidade. Não se crê na fórmula que se recita, mas naquele a quem ela se refere, isto é, Deus.[1] Ora, Deus é Trindade, portanto, o ato de fé termina na Trindade. E a Trindade nos move a ser comunidade humana e de fé.

1. A FÉ É MOVIMENTO DA GRAÇA

O ato de fé é graça. Nasce da Trindade. Ela nos cria. Por esse ato criador, nosso ser estrutura-se a partir de Deus. Nossa autonomia, nossa liberdade realiza-se no momento em que nos situamos diante de Deus numa resposta de criatura. Deus vai mais longe. Chama-nos a uma comunhão com ele. Esse chamado pertence, no atual plano de salvação de Deus, à constituição de nosso próprio ser e existir. Tudo em nós clama por Deus, mesmo sem nomeá-lo. Deus continuamente nos incita, nos acompanha e nos cumula com sua presença. Assim reza a Igreja em belas orações.

Orações da Igreja

"*Ó Deus, pedimo-vos, precedei inspirando as nossas ações, prossegui ajudando-nos para que toda a nossa ação sempre comece a partir de ti e, começada, termine por ti*" (5ª feira depois das *Cinzas*).

"*Nós vos pedimos, ó Deus todo-poderoso, que a vossa graça sempre nos preceda e acompanhe, para que, esperando ansiosamente a vinda do vosso Filho, possamos obter a vossa ajuda nesta vida e na outra*" (6ª feira da 3ª semana do *Advento*).

Nessas orações aparece o tríplice movimento da graça, que se realiza em cada ato de fé. Deus precede com sua inspiração, prossegue com sua ajuda e faz-nos terminar por meio dele.

A fé humana fundamenta-se na credibilidade que é fornecida pela pessoa em quem se confia. Tem o tempo e o tamanho dessa fidedignidade.

---

[1] Santo Tomás. *Summa theologiae*. II q.1 a.2 ad 2m.

Desaparece quando a pessoa se torna infiel, mentirosa. A nossa experiência humana cotidiana mostra-nos que acreditamos especialmente nas testemunhas referenciais importantes. São pessoas significativas para nós, que nos sustentam em muitas verdades de que não temos e nem podemos ter evidência. Especialmente daquelas que só se verificarão no futuro. "Se fizerdes isto, sereis felizes" é uma afirmação que escapa de toda verificação. No entanto, quantas vezes tais ditos, vindos de pessoas afetivamente importantes, norteiam a vida de muitos. E, por sua vez, a decepção com essas pessoas-símbolo provoca crise, cepticismo diante da vida.

A fé cristã participa de tal estrutura. Passa também pelos testemunhos humanos. S. Paulo descreve a cadeia da fé: ouvido, mensageiro, envio. Se não se ouve, não se crê. Se não há quem anuncia, não se ouve. Se ninguém é enviado, não se anuncia. "A fé procede da audição, e a audição da palavra de Cristo" (Rm 10,17). Há, portanto, o testemunho do mensageiro. É o lado bem humano da fé e faz todo cristão responsável pela fé dos outros. À medida que ele cumpre melhor sua função de evangelizador, anunciando e testemunhando a Palavra, permite que outros possam crer. Santo Tomás distingue muito bem a ação humana e a ação de Deus nesse jogo da graça. Ninguém pode dar a graça influenciando dentro do outro. No interior das pessoas só age Deus. O máximo que se consegue é persuadir alguém exteriormente para aquelas coisas que são da graça.[2] Nenhuma criatura pode causar a graça. Só Deus a infunde imediatamente.[3]

No entanto, o último fundamento não pode ser um testemunho humano falível. Daí que nenhuma decepção com os evangelizadores humanos compromete, em última instância, a fé. Ela repousa em uma realidade mais profunda. Em termos simples, o fundamento último da fé é a graça da Trindade.

2. A GRAÇA FUNDAMENTA A FÉ

Santo Tomás ensina que a graça não supre a natureza, mas a aperfeiçoa e supre-lhe os defeitos. Ele se refere, ao conceber a graça dessa maneira, precisamente à fé. Compara o testemunho humano com o divino. A autoridade humana é falível. Mas a divina é eficacíssima.

Santo Tomás
Muitíssimo próprio dos ensinamentos da fé que se argumente por autoridade. Pois os seus princípios se obtêm pela Revelação. É necessário que se creia na autoridade daqueles aos quais a Revelação foi feita. Isso não retira dignidade a esses ensinamentos. Com efeito, embora a fonte de uma autoridade fundada na razão humana seja fragilíssima, a que se funda na Revelação é eficacíssima. Os ensinamentos da fé utilizam a razão humana, mas não para provar a fé. Isso lhe tiraria o mérito da fé, para mostrar outras coisas que estão contidas nesses ensinamentos. Já que a graça não supre a natureza, mas aperfeiçoa-a, cabe à razão natural servir à fé, assim como a inclinação natural da vontade se põe à disposição da caridade (Santo Tomás, Summa theologiae, I q.1 a.8).

---

[2] Id., ibid., III q.8 a.6 ad 2m.
[3] Id., ibid., I-II q.112 a.1 e a.3.

A inteligência tem uma luz natural com uma força finita capaz de penetrar a verdade, de conhecê-la. Pela fé, Deus potencia essa luz com uma força interna, nova, própria, para que penetre mais longe no conhecimento de coisas que a luz natural não alcança, que a excede. A luz da fé eleva o intelecto criado e o torna apto para dar seu assentimento ao Deus que revela, transcendendo a sua própria verdade para firmar-se unicamente em Deus. Une-se ao próprio conhecimento de Deus e dele participa. O intelecto fica disposto e inclinado a seguir o movimento da vontade que o leva a crer[4].

A ação da graça faz com que a pessoa, mesmo sem a evidência da verdade revelada, tenha uma certeza inabalável. As pessoas percebem os sinais externos e internos da Revelação. Repete-se hoje, em relação às verdades de fé, o que acontecia com as pessoas diante dos milagres de Jesus. Ao curar um possesso mudo, o povo admirado exclama: "Nunca se viu isso em Israel". Entretanto, diante do mesmo fato extraordinário, do sinal externo, os fariseus diziam: "É pelo poder do chefe dos demônios que ele expulsa os demônios" (Mt 9,33s). O mesmo milagre foi motivo tanto de admiração como de rejeição. A graça é necessária para que a objetividade que os sinais têm se torne persuasiva.

A graça não supre a razão, mas a liberta, fortifica-a para vôos mais altos. Nossos ouvidos, acostumados aos ruídos das verdades da terra, captam sons mais puros, mais finos da sinfonia reveladora de Deus. Se pelo ato criativo já somos ouvintes da Palavra de Deus inscrita na natureza, pela graça percebemos os sussurros inefáveis da Palavra atuando na história, no coração das pessoas, nos eventos, como manifestação da ação salvadora de Deus. Jesus, falando-nos do Espírito como mestre interior, diz: "O Paráclito, o Espírito Santo que o Pai enviará em meu nome, vos ensinará tudo e vos trará à memória tudo quanto eu vos disse" (Jo 14,26).

Toda fé é graça, é obra da Santíssima Trindade. A vida da fé é uma vida segundo o Espírito, na expressão de S. Paulo. "Os que vivem segundo o Espírito apreciam o que é espiritual" (Rm 8,5). É o próprio Espírito que dá testemunho dentro de nós da realidade mais profunda da fé: somos filhos de Deus (Rm 8,16).

Fé dos simples

Certa vez, Frei Egídio, homem muito simples e piedoso, assim falou ao Ministro Geral, Frei Boaventura (†1274), um dos maiores teólogos da Igreja:

– Meu Pai, Deus lhe deu muitos dotes. Eu, pessoalmente, não recebi grandes talentos. O que devemos nós, ignorantes e tolos, fazer para sermos salvos?

O douto e santo Frei Boaventura lhe ensinou:

– Se Deus não desse ao homem nenhuma outra capacidade senão a de amar, isto lhe bastaria para se salvar.

– Quer dizer que um ignorante pode amar a Deus tanto quanto um sábio?, perguntou Frei Egídio, tentando entender.

---

[4] Id., ibid., II q.8 a.1 c. In: Boet. *De Trinitatis*. q.3 a.1 ad 4m; *Summa Theologiae*. I-II q.110 a.4.

– Mesmo uma velhinha muito ignorante, disse-lhe com ternura o grande teólogo, pode amar a Deus mais do que um professor de Teologia.

Dando pulos de alegria, Frei Egídio correu para sacada do convento e começou a gritar:

– Ó velhinha, ignorante e bronca, tu que amas a Deus Nosso Senhor, podes amá-lo mais do que o grande teólogo Frei Boaventura.

E, comovido, ficou ali, imóvel, por três horas (N. Tonin, Eu amo Olga e outras histórias, Petrópolis, Vozes, 1994, p. 31).

3. O SER HUMANO É COMUNITÁRIO

"No princípio está a comunhão dos Três, não a solidão do Um" (L. Boff). No início está o Deus trino. Por ele fomos criados. Nossa última estrutura humana foi plasmada pelo ato criativo do Deus trino. Tudo o que somos reflete a origem trinitária, comunitária. A solidão, o isolamento, o fechamento em si constituem o verdadeiro inferno. Nega-se fundamentalmente o nosso próprio ser. Frustração radical de quem foi feito por um Deus comunidade, para viver em comunidade, na terra, e eternamente prolongar sua realidade comunitária na comunhão celeste.

Se tudo em nós é comunitário, desde os instintos infantis até a nossa racionalidade mais trabalhada, a fortiori também será nossa vivência de fé. Onde tudo é graça, a Trindade marca ainda mais indelevelmente sua presença.

Tanto mais importante se faz tal reflexão quanto se vive no Ocidente marcado por crescente individualismo. Se tudo em nós clama pelo comunitário, por que o individualismo se arraigou tanto na nossa cultura? Como a cultura pode criar uma compreensão do ser humano que contrarie radicalmente sua realidade mais profunda? Como a própria religião se fechou no individualismo? Por que a fé caminhou na linha da busca de uma relação individual com Deus, sem explicitação trinitária nem comunitária?

A dimensão comunitária situa-se no início e no fim do processo humanizante, tanto em nível pessoal como societário. Em nível pessoal, nascemos para dentro de uma família de quem dependemos totalmente para viver física, psíquica e espiritualmente. Inicia-se, ao mesmo tempo, um processo de individuação que deve terminar, se for sadio, numa relação de abertura, de liberdade com os outros. Tanto mais sã é uma pessoa quanto mais capaz de relacionar-se com os outros.

É um processo. Pode-se ficar pelo caminho ou tomar desvios. Por medo consciente ou inconsciente de enfrentar o outro, a pessoa pode fechar-se em si mesma. Não quer sair do casulo. Teme defrontar-se com os diferentes de uma comunidade. Isola-se. Tranca-se na sua solidão doentia. Entraves psicológicos impedem o percurso do desenvolvimento normal que vai de um comunitário gregário da criança, passando pela autonomia livre do adulto, para então poder criar uma comunidade de maneira consciente e livre. Contraria assim o dinamismo profundo do próprio ser. A pessoa sofre dilaceramento interior. Experimenta a frustração radical de sua natureza aberta para o comunitário, mas presa às amarras do eu.

A fé da pessoa concreta participa dos limites de sua estrutura psicológica neurótica. Há, porém, uma autenticidade, fruto da graça e da liberdade humana, que resiste a uma total deformação da fé por causa das perturbações psíquicas. Por aí a pessoa responde dentro de suas possibilidades aos apelos da graça. No entanto, isso não evita que se forjem formas externas, objetivas, que venham a ser deturpadas. E há expressões extremamente individualistas da fé que refletem as limitações da trajetória psicológica. Nesse momento, uma reflexão teológica mais profunda da natureza trinitária e comunitária da fé pode ajudar a superar não somente tais distorções religiosas como também as atitudes psicológicas individualistas.

Trindade e comunhão

Com a Trindade alcançamos a perfeição, pois se dá a união e a inclusão. Pela Trindade se evita a solidão do Um, se supera a separação do Dois (Pai e Filho) e se ultrapassa a exclusão de um do outro (Pai do Filho, Filho do Pai). A Trindade permite a comunhão e a inclusão. A terceira Figura revela o aberto e a união dos opostos. Por isso, o Espírito Santo, a terceira Pessoa divina, sempre foi compreendida como a união e a comunhão entre o Pai e Filho, sendo a expressão da corrente de vida e de interpenetração que vigora entre os divinos Únicos por toda a eternidade... A Trindade mostra que por debaixo de tudo que existe e se move habita uma dinâmica de unificação, de comunhão e de eterna síntese dos distintos num infinito todo, vivo, pessoal, amoroso e absolutamente realizador (L. Boff, A Santíssima Trindade é a melhor comunidade, Petrópolis, Vozes, 1989, p. 31s).

Há uma mudança da sociedade tradicional para a sociedade moderna. Isso significa que se passa de uma sociedade protegida, fechada, mantida dentro de uma tradição estável para uma sociedade aberta, pluralista, exigindo mais das decisões livres das pessoas. Essa transformação, que tem sido muito veloz em nosso continente, tem favorecido altamente o individualismo, em contraposição à tradição marcada pela religião[5]. As relações primárias familiares e personalizadas mantinham as pessoas ligadas entre si no interior da sociedade. As expressões comunitárias e sociais se tornavam naturais no sentido bem forte do termo. Nem pareciam criações sociais, mas decorrência direta da própria natureza. Gozavam da evidência das realidades não discutidas nem questionadas. A fé era vivida culturalmente, dentro do ambiente social. Doravante a fé será entregue à decisão de cada pessoa.

Isso não implica necessariamente que deva ser individualista, mas é favorável a que assim seja. Ao assumir a fé por livre decisão, alguém pode engajar-se numa comunidade e vivê-la aí. Pode compreender a exigência trinitária de sua fé. A teologia atual tem procurado precisamente mostrar que uma fé pessoal, decidida livre e conscientemente, sem pressão do ambiente, não significa uma fé individualista, vivida unicamente no mundo da privacidade. A dimensão trinitária da fé cristã vem precisamente reforçar a perspectiva comunitária.

---

[5] Segundo, J. L. *Ação pastoral latino-americana;* seus motivos ocultos. São Paulo, Loyola, 1978.

4. O HOMEM DA RELAÇÃO VIRTUAL

Ao lado do individualismo moderno e pós-moderno, desenvolve-se uma consciência de interligação entre as pessoas pelos canais de comunicação. Fenômeno paradoxal. Se, de um lado, parece romper a frialdade do individualismo exacerbado, interligando pessoas do mundo inteiro pelas rápidas vias da *internet,* do outro, reforça o isolamento real das pessoas. Substitui os encontros face a face por presenças virtuais. Estas conservam terrível dose de individualismo. As pessoas podem esconder-se atrás de "alias", nomes artificiais que camuflam a própria realidade dos interlocutores. As relações virtuais, diferentemente das relações reais, são estabelecidas sem contato físico, nem de presença, nem de voz, mas por escrito na tela dos computadores. É um mundo fantástico, que vai exigir uma nova psicologia interpretativa. Não temos idéia da repercussão que isso terá sobre as próprias vivências religiosas e de fé.

As novas relações virtuais, extremamente envolventes, povoam solidões, aproximando pessoas desde seus PCs. Mas pode-se perguntar até onde se sai do próprio "selfismo", do seu "egocentrismo". Com nova linguagem, em que os sentimentos recebem sinalizações gráficas as mais curiosas, as pessoas expandem seus sentimentos, desejos, buscas. Criou-se o neologismo *emoticon*, para traduzir emoções graficamente expressas.[6]

Uma janela para o futuro

O aspecto fundamental deste processo (informativo atual) é que o sujeito não está mais sozinho em sua casa em momento algum. Através do telefone ou do fax-modem, o contato com as demais pessoas é sempre uma possibilidade. Dos desertos à floresta amazônica, das cidades densamente populadas às pequenas cidades do interior do estado. Não há distância que resista ao plugar da internet. Instantaneamente poderá conversar com pessoas on line, através dos chats, e receber desde uma cantada para um cyber-sexo até uma proposta de amizade virtual. E amizade virtual que em nada fica devendo a muitas das amizades concretas ou reais que o sujeito já teve na vida (L. Magalhães Mrech, in: L. W. Storch & J. R. Cozac, *Relações virtuais. O lado humano da comunicação eletrônica.* Petrópolis, Vozes, 1995, p. 285).

Abrem-se inúmeras possibilidades de relações, diversificadas, praticamente ilimitadas. Várias pessoas conseguem extraordinário envolvimento afetivo e sexual, superior ao da vida real. Surge um novo tipo de sexualidade, que responde muito ao narcisismo atual. Baseia-se fundamentalmente no auto-erotismo, alimentado, porém, por um parceiro só virtualmente presente. Essa presença mediática, se, de um lado, é menos forte que a real, de outro, possibilita uma desinibição quase total, de modo que o micreiro escreve muito do que nunca teria coragem de falar diante da pessoa. Assim a conversa desce a sugestões, provocações, revelações sexuais ousadas. A via da provocação sexual passa, na maioria

---

[6] Alguns exemplos de "emoticons": :-) = sorriso; :-(= cara triste; :-))) = um grande sorriso etc. Ou também uma gargalhada se traduz por "hahahaha", enquanto um risinho irônico por "hehehe" e uma risadinha tímida por "hihihihi".

dos casos citados, pela descrição realista do próprio auto-erotismo e da sondagem do que o(a) parceiro(a) está também sentindo. Os relatos põem às claras o vulcão das fantasias e desejos, quando se suprimem as travas de qualquer repressão ou controle. Os atores deixam-se ir ao sabor de seus sonhos afetivos e sexuais.[7]

Evidentemente o público das relações virtuais, mesmo na sua variedade de idades, de origens culturais, de *status* econômico, ainda pertence, nos nossos países da América Latina, a um certo grau de sofisticação e a número bem limitado.

Está surgindo, pois, um novo tipo de pessoa para a qual o virtual é mais real do que o real. Tal fato não explica em parte, o êxito das igrejas eletrônicas que vêm ao encontro das pessoas do mundo virtual? Não há programas dessas igrejas, montados nos EUA, que já atingem mais de um bilhão de pessoas? Como conciliar esse mundo virtual com a fé cristã, extremamente exigente da presença física das pessoas? Não há verdadeiro sacramento virtual. É verdade que já são uma realidade as celebrações eucarísticas na TV e emissões religiosas católicas. A Igreja investe cada vez mais na mídia.

Igreja eletrônica nos EUA

*Fenômeno bastante peculiar e característico da realidade norte-americana: o intenso e crescente uso dos meios eletrônicos, especialmente da TV, por dirigentes religiosos quase sempre fortemente personalizados e relativamente autônomos em relação às denominações cristãs tradicionais. São justamente os superastros da TV. Pelo tipo de mensagem de salvação, com ênfase na salvação individual, são também chamados "supersalvadores". É certo que também utilizam muitíssimo a rádio. Mas o que mais os define é sua imagem de tele-evangelistas (*H. Assmann, La Iglesia electrónica y su impacto en América Latina, *São José da Costa Rica, DEI, 1987, p. 17ss).*

5. A FÉ CRISTÃ EM CHOQUE COM O MUNDO VIRTUAL

A fé cristã tem muitas dimensões. É conhecimento, afeto, práxis, celebração, antecipação do Reino definitivo. A relação virtual pode ser espaço de alimentar a fé própria e de outros, se a conversa se orientar nessa linha. Pode-se tratar de tudo nessas relações. Um certo anonimato pode facilitar alguém a expor mais corajosamente suas convicções religiosas e assim provocar o outro. Há também possibilidade de mexer com a afetividade religiosa do outro, dispondo-o para experiências nesse campo.

O seu maior limite vem da sua natureza autocentrada. Predomina na relação virtual uma busca de auto-satisfação, de busca de si no outro e não tanto do outro por ele mesmo. Procura-se cobrir a própria solidão, sem sair de si. Paradoxo. Quer-se, ao mesmo tempo, conservar a privacidade, permanecer no seu escritório diante da máquina e passear pelo mundo das

---

[7] STORCH L. W. & COZAC J. R. *Relações virtuais;* o lado humano da comunicação eletrônica. Petrópolis, Vozes, 1995.

coisas e das pessoas. Mas nada que comprometa, que arranque o micreiro de seu reino virtual. Nesse ponto, contradiz radicalmente a perspectiva cristã. A fé exige, num primeiro movimento de graça, a saída de si em direção a Deus e aos irmãos. E nessa relação se estabelecem compromissos reais. Exatamente o que a relação virtual quer evitar.

A fé cristã é comunitária, eclesial. Exige celebração em torno da memória de Jesus. Seu centro são dois sacramentos que reúnem os fiéis: o batismo, e a eucaristia, que se referem diretamente ao aspecto comunitário da fé. Pelo batismo, entra-se na comunidade. Na eucaristia, celebra-se a memória de Jesus em comunidade de fé.

6. A FÉ SE RECEBE NUMA COMUNIDADE

À medida que o mundo pós-moderno acentua o individualismo e as relações eletrônicas, virtuais, menos clara se percebe a dimensão eclesial da fé. Confunde-se a vivência da fé cristã com sentimentos religiosos que coadunam perfeitamente com essa cultura individualista e mediática. Por isso, vivemos o paradoxo do crescimento religioso e não necessariamente um engajamento real com a fé cristã eclesial. Selecionam-se da tradição cristã aqueles elementos mais palatáveis ao gosto pós-moderno.

Fé e batismo

No rito da iniciação cristã dos adultos, o celebrante interpela o catecúmeno: "Que pedes à Igreja de Deus?". O candidato responde: "A fé". Prossegue o celebrante: "E esta fé, que te dará?". O candidato responde: "A vida eterna".

No ritual para batismo de crianças depois da profissão de fé dos pais, padrinhos e comunidade em nome da criança, o celebrante acrescenta: "Esta é a nossa fé, que da Igreja recebemos e sinceramente professamos, razão de nossa alegria em Cristo nosso Senhor!". E, mais uma vez, antes de batizar a criança, citando-lhe o nome, pergunta aos pais e padrinhos: "Quereis que N... seja batizado(a) na mesma fé da Igreja que acabamos de professar?".

A fé cristã se recebe da Igreja. Nessa fé fomos batizados. Pelo batismo se entra na Igreja, recebendo dela a fé pela força do Espírito Santo. O gesto sacramental da Igreja realiza no coração do batizando a graça do Espírito que lhe infunde a fé. Existindo já em forma germinal, a fé se desenvolve ao longo da vida do cristão pela ação catequética, sacramental, pastoral da Igreja.

A fé é dom de Deus que recebemos pela mediação da Igreja. A função mais importante da Igreja é santificar. Por isso, apesar de tantos pecados de seus membros, ela pode ser corretamente chamada de santa. Deus a muniu de sinais causadores de graça. Imenso mistério da vinculação por parte de Deus de seu dom, livre e gratuito, a gestos que os humanos na Igreja realizam, sem que isso se torne magia, pois não se trata da pretensão humana de manipular os dons de Deus, mas da liberalidade dele de no-los dar por meio de sinais por ele determinados.

Para viver desses dons, o cristão necessita crer. É na fé que recebe a graça. Os sacramentos não são antibióticos que fazem efeito independente da vontade do paciente. São ofertas de graças reais, objetivas, não fantasiadas, mas que necessitam ser acolhidas pelo fiel, na fé. Nesse duplo movimento, a Igreja transmite a graça, pedindo fé; fortalece a fé, oferecendo graça.

7. TRANSMISSÃO DA FÉ COMO CULTURA

A fé tem outro lado. Além de ser graça, é histórica, comunitária, social. Para isso, ela se faz cultura a fim de ser transmitida. Sofre o mesmo processo de transmissão de toda cultura. A Igreja a exprime em sinais, gestos, doutrinas, ritos, narrações, livros. Tudo isso ela nos transmite.

A transmissão da fé passa pelo tríplice momento constitutivo da cultura que P. Berger tão bem caracterizou: interiorização, objetivação e exteriorização. O cristão internaliza a fé que recebe da Igreja. Ele a externaliza com os ritos, sinais, comportamentos ao longo de sua vida. Só pode ser internalizado o que tem uma realidade objetiva. E o que se externaliza adquire também sua consistência. A fé vive, portanto, circulando nesses três momentos.

O processo da construção social e de si

O processo dialético fundamental da sociedade consiste em três momentos ou passos. São a exteriorização, a objetivação e a interiorização. Só se poderá manter uma visão adequada empírica da sociedade se entender conjuntamente esses três momentos. A exteriorização é a contínua efusão do ser humano sobre o mundo, quer na atividade física, quer na atividade mental dos homens. A objetivação é a conquista por parte dos produtos dessa atividade (física e mental) de uma realidade que se defronta com os seus produtores originais como facticidade exterior e distinta deles. A interiorização é a reapropriação dessa mesma realidade por parte dos homens, transformando-a novamente de estruturas do mundo objetivo em estruturas da consciência subjetiva. É através da exteriorização que a sociedade é um produto humano. É através da objetivação que a sociedade se torna uma realidade sui generis. É através da interiorização que o homem é um produto da sociedade (P. Berger, O dossel sagrado; elementos para uma teoria sociológica da religião, São Paulo, Paulinas, 1985, p. 16).

8. TRANSMISSÃO ROTINEIRA E CRÍTICA

A transmissão da fé, carregada pela cultura, faz-se quase espontaneamente. Tem-se a impressão de que é algo natural. Todos praticam os mesmos atos religiosos, exprimem-se com os mesmos símbolos, comportam-se igualmente. A sociedade tradicional conheceu longos séculos tal tipo de transmissão. Era-se católico pelo simples fato de ser brasileiro. O hino do Congresso Eucarístico do Recife, em 1938, exprimia no seu triunfalismo católico essa convicção.

> *"Eia, sus, ó leão, leão do Norte*
> *Ruge ao mar o teu grito de fé*
> *Creio em ti, hóstia santa, até a morte*
> *Quem não crê, brasileiro não é."*

A modernidade veio romper tal cadeia transmissiva. Introduziu a consciência crítica, a subjetividade, o pluralismo. Já não se é mais cristão por nascimento. Cada vez mais por decisão e convicção. A fé passa pelo crivo da razão.

Tanto o processo de exteriorização como o de interiorização se fazem com maior clareza. Cada vez menos as pessoas exteriorizam uma religião sem convicção e muito menos a assimilam. Há, porém, muitos elementos da fé cristã tradicional que circulam pela força dessa gigantesca inércia cultural. Tocam estruturas profundas do inconsciente individual e coletivo, que não se modifica tão rapidamente como se imaginava.

Acontece freqüentemente que esses elementos permanecem hibernados. Passa uma onda cálida de entusiasmo, como foi, por exemplo, a visita do Papa João Paulo II aos nossos países, e eis que eles acordam para a luz do dia. Basta que algum evento importante ocupe o cenário para que, do mais profundo das pessoas, possam emergir representações, imagens, sentimentos religiosos, codificados segundo a fé cristã. Dificilmente se consegue prever quais os sinais que têm maior e menor força de evocação. A mídia debruça-se sobre tal mina para arrancar-lhe todo o ouro.

Sem desprezar a socialização cultural da fé, que ainda prossegue o seu papel, cabe à catequese, à teologia, à presença da Igreja no mundo moderno atender ao processo da transmissão crítica, consciente, reflexa, assumida na liberdade. Ela responde mais ao significado profundo da fé cristã.

9. A FÉ NA IGREJA

Cremos na Igreja. É uma afirmação ousada, que deve ser bem entendida. O término último da fé só pode ser uma pessoa divina. A Igreja não é pessoa divina. Ela é sacramento do agir divino. No entanto, cabe dizer que "cremos na Igreja", como se recitam no *Credo*.

Credere e suas regências

Credere Deum: crer que Deus existe. Afirma-se simplesmente o fato da existência, mas não se qualifica a fé de quem crê. Pode-se na prática negar o Deus que se afirma existir.

Credere Deo: crer que é verdadeiro o que Deus revelou. Ainda não implica que existencialmente alguém se comprometa com Deus. Julga-se que Deus é veraz no que diz.

Credere in Deum: exprime o grau da verdadeira fé. Supõe os anteriores e os leva à plenitude, ao terminar o ato de fé no próprio Deus. É o fim para o qual tende a fé, a pessoa do próprio Deus revelante.

Como as diferentes regências do verbo latino *"credere"* permitem ver, só se usa *"credere in"* para as três pessoas da Ssma. Trindade. Aí se exprime o sentido último da fé que é um movimento do fiel em direção a Deus. Quando omitimos a preposição, ao afirmar *"credere Ecclesiam"*, exprimimos indiretamente a nossa fé. Ao crer em Deus no sentido pleno, assumimos também como verdade, como participação desse movimento que termina nele, tudo o que se relaciona com o seu projeto de salvação. Ao crer no Deus salvador, cremos que muitas realidades humanas se tornam mediações de sua ação salvadora. Ele associou a ela, de modo especial, a Igreja. Nesse sentido, podemos crer na Igreja como parte desse mistério salvífico de Deus.

10. A FÉ DA IGREJA

Cremos enquanto somos Igreja. Nós, como Igreja, somos o sujeito da fé. "Crer na Igreja" significa, portanto, "crer em Igreja", em sendo uma comunidade eclesial, no seu interior, como seu membro. A maneira de expressar a própria fé pessoal é comunitária. O sujeito que crê não está sozinho. Essa situação comunitária responde, ao mesmo tempo, à condição humana de ser comunitário e à vontade de Jesus.

Jesus anunciou o evangelho. Chamado pessoal à salvação. Poderia perfeitamente tê-lo deixado como um apelo às pessoas. Mas desde o início cercou-se de discípulos para com eles cumprir sua missão. E, após a sua morte, eles entenderam que a maneira de viver a fé pregada por Jesus se faria em comunidade, recordando-o, de modo especial, na celebração da Ceia. A Igreja organiza-se em torno da memória de Jesus. E até hoje continua vivendo sua fé comunitariamente.

A comunidade não se opõe à fé pessoal. Antes, é o espaço rico para vivenciá-la. Hoje se torna ainda mais importante, pois as pessoas, sedentas de experiências religiosas, caminham desnorteadas em busca de novidades sem critério objetivo. A comunidade nesse momento cumpre o papel de ser ponto de referência. Religa o fiel a uma tradição de fé que remonta a Jesus e à tradição bíblica.

Crer em Igreja significa partilhar a mesma interpretação da fé, superando um subjetivismo arbitrário. Confronta-se a própria fé com os irmãos em mútuo enriquecimento, corrigindo desregramentos. Todos edificamos a comunidade com nossa fé. Todos nos beneficiamos da fé dos irmãos e irmãs.

Unidade da Igreja

Uma só é a ordem episcopal e cada um de nós participa dela completamente. Mas a Igreja também é uma, embora, em seu fecundo crescimento, se vá dilatando numa multidão sempre maior.

Assim muitos são os raios do sol, mas uma só é a luz, muitos os ramos de uma árvore, mas um só é o tronco preso à firme raiz. E quando de uma única nascente emanam diversos riachos, embora corram separados e sejam muitos, graças ao copioso caudal que recebem, todavia permanecem unidos na fonte comum.

Se pudéssemos separar o raio do corpo do sol, na luz assim dividida não haveria unidade. Quando se quebra um ramo da árvore, o ramo quebrado já não pode vicejar. Se separarmos um regato da fonte, ele secará.

Igualmente a Igreja do Senhor, resplandecente de luz, lança seus raios no mundo inteiro, mas a sua luz, difundindo-se em toda a parte, continua sendo a mesma e, de modo nenhum, é abalada a unidade do corpo.

Na sua exuberante fertilidade, estende os seus ramos em toda a terra, derrama as suas águas em vivas torrentes, mas uma só é a cabeça, uma a fonte, uma a mãe, tão rica nos frutos da sua fecundidade. Do parto dela nascemos, é dela o leite que nos alimenta, dela o Espírito que nos vivifica. (S. Cipriano, *A Unidade da Igreja Católica*, 5,2-6, trad., introd. e notas de C. Beraldo, Petrópolis, Vozes, 1973, p. 34ss).

11. NA ORIGEM ESTÁ A TRINDADE

Voltamos lá onde começamos. A fé nasce da Trindade. A nossa fé é intrinsecamente trinitária. Somos criados pela Trindade, para ser pessoas comunitárias. E só assim podemos crer. A Igreja também vem da Trindade, vive pela sua presença e se dirige a ela. Ela é ícone da Trindade.[8]

11.1. A Trindade existencial

A Trindade relaciona-se com as diversas dimensões de nossa fé. A fé é experiência profunda da relação com Deus. No seu início, está o Espírito Santo. Somos mudos pelo pecado e pela nossa incapacidade de falar a Deus e dele. Então o "Espírito vem em auxílio de nossa fraqueza porque não sabemos pedir o que nos convém. O próprio Espírito é que advoga por nós com gemidos inefáveis, e aquele que esquadrinha os corações sabe qual o desejo do Espírito" (Rm 8,26-27). É ele que nos abre o apetite para as coisas espirituais em vez de ficarmos presos ao mundo da materialidade, dos interesses mesquinhos (Rm 8,5). Quando aspiramos à vida e à paz, é ele que está presente (Rm 8,6).

O Espírito Santo nos conduz a Jesus. Só quem tem o Espírito é de Cristo (Rm 8,9). Essa é também a tecla central do pensamento de S. João sobre o Espírito. Embora o Espírito seja como o vento que "sopra onde quer; tu ouves o barulho, mas não sabes de onde vem nem para onde vai" (Jo 3,8), ele certamente não o fará a não ser em direção de Cristo. A sua efusão depende, para João, da glorificação de Cristo: "Ainda não tinha sido dado o Espírito, pois Jesus ainda não tinha sido glorificado" (Jo 7,39). Assim, toda a geração cristã, que surge depois da glorificação de Jesus, encontra-se nessa era do Espírito. Em frase muito enfática, João afirma a relação visceral entre a ação do Espírito e os ensinamentos de Jesus. "O Paráclito, o Espírito Santo que o Pai enviará em meu nome, ele vos ensinará tudo e vos trará à memória tudo quanto eu vos disse" (Jo 14,26). Não poderia ser mais explícito. A mesma idéia retoma em outro lugar, também muito incisivo: "Quando vier o Espírito da verdade, ele vos guiará em toda a verdade, porque não falará de si mesmo, mas do que ouvir, e vos anunciará as coisas futuras. Ele me glorificará porque receberá do que é meu e vos anunciará" (Jo 16,13-14).

E, por sua vez, tanto o Espírito como Jesus nos levam ao Pai. Assim se fecha o movimento trinitário da fé. "Todos os que são conduzidos pelo Espírito de Deus são filhos de Deus. Pois não recebestes um espírito de escravos para recair no medo, mas recebestes um espírito de filhos adotivos com o qual clamamos: 'Abba, Pai'" (Rm 8,14-15). Na força do Espírito, chamamos a Deus de Pai. Jesus também afirma a mesma relação entre ele e o Pai.

---

[8] FORTE, B. *A Igreja*; ícone da Trindade. Breve eclesiologia. São Paulo, Loyola, 1987.

S. João insiste em que Jesus nos conduz ao Pai. Quem o vê, vê o Pai. Ele está no Pai, e o Pai está nele. As palavras que nos diz, hauriu-as do Pai. É o Pai, em que ele habita, que realiza tudo o que ele faz (Jo 14,9-11). Essa idéia de João é desenvolvida por Santo Irineu.

Jesus e o Pai

Ninguém pode conhecer ao Pai a não ser pelo Verbo de Deus, isto é, se o Filho não o revela. Nem se pode conhecer o Filho se não ao bel-prazer do Pai. O Filho realiza o beneplácito do Pai. O Pai envia, o Filho é enviado e vem. E o Pai, invisível e indelimitável para nós, é conhecido por seu próprio Verbo, que nos dá a conhecê-lo, o inefável. De seu lado, o Pai é o único a conhecer seu Verbo. É por isso que por sua própria manifestação o Filho revela o conhecimento do Pai. Realmente, a manifestação do Filho é conhecimento do Pai, pois tudo é manifestado pelo Verbo (Santo Irineu, *Adversus Haereses* IV, 6, 3).

Tanto o Espírito como Jesus conduzem a Deus Pai. Assim a Trindade imanente se realiza em nossa vida. Pelo Espírito a Jesus, pelo Espírito ao Pai. Por Jesus, ao Pai. Tudo termina em Deus Pai. Ele é o término de nosso ato de fé. O Espírito é o seu princípio. No princípio da nossa experiência de fé, está o Espírito, no caminho, o Filho e no fim, o Pai.

11.2. A Trindade econômica

No princípio está o Pai. Assim começa a Revelação da Trindade. Ele ocupou todo o espaço do Antigo Testamento. Lá apareceram sinais velados do Filho e do Espírito, que só puderam ser decifrados depois da Encarnação do Filho. Javé é Deus Pai, início da História da Salvação, que na linguagem de Santo Irineu se chama "economia da salvação". Daí o nome de "Trindade econômica".

Para Santo Irineu, existe um só Deus e uma só economia da salvação. Esse projeto salvífico caracteriza-se pela unidade e pela progressão na história. O único Deus Pai por meio de seu Verbo único realiza-o por meio de etapas, desde a criação até o final dos tempos. A criação entra também na história da salvação. Na Igreja, que continua a obra de Cristo, age o Espírito Santo.

Economia trinitária

[Irineu] vê o Verbo de Deus em ação desde os princípios: a criação, as teofanias, os patriarcas, a Lei, os profetas, o Cristo, os apóstolos, a Igreja são momentos que vão escandindo a ação do Verbo e a economia da manifestação progressiva do Pai pelo Verbo. Estamos diante de um só movimento, uma só palpitação de amor que, originando-se na Trindade, repercute no tempo para culminar na visão... A Revelação é a epifania de Deus no Cristo e pelo Cristo; é a manifestação do Pai pelo Filho e por todos os meios de expressão possibilitados pela encarnação. Por sua palavra e ação, por seu exemplo e seu ensinamento, o Cristo dá a conhecer o Pai e seu desígnio salvífico. Testemunhas do Verbo, iluminados pelo Espírito, os apóstolos pregam e transmitem o que aprenderam do Senhor — é por eles que o Cristo nos entrega sua mensagem (R. Latourelle, *Teologia da Revelação*, São Paulo, Paulinas, 1972, p. 112ss).

A Trindade econômica desvela-se na história. Jesus revela-nos ser o próprio Filho de Deus, o Verbo. Nesse momento, aparecem as duas pessoas da Trindade. No entanto, quando a pessoa de Jesus aparece na história, com ele também se revela o Espírito Santo. O Novo Testamento mostra-nos o Espírito agindo na vida do próprio Jesus.[9] A sua concepção se faz pela vinda do Espírito Santo e no poder do Altíssimo (Lc 1,35). O início da vida pública, no batismo, tem a marca da descida do Espírito sobre ele (Mc 1,10), junto com a voz do Pai que o declara o Filho predileto (Mc 1,11). A ida para o deserto, onde foi tentado, não se faz sem o impulso do Espírito (Mc 1,12). Lucas nos descreve cena belíssima em que a referência trinitária se faz na experiência de Jesus. Ele, o Filho, louva a Deus Pai porque este revelou aos pequeninos seus mistérios. E o faz sob a ação do Espírito Santo. A cena termina com a confissão da identidade entre o Filho e o Pai (Lc 10,20-22). Na hora da prova do Horto das Oliveiras, Jesus se dirige a Deus como Pai (Mc 14,36). Mesmo que não se mencione o Espírito, tal clamor só pode ser feito nele, como Paulo reconhece (Rm 8,15; Gl 4,6).

São João insiste na relação profunda entre Jesus e o Espírito. A Revelação de Jesus inclui necessariamente a do Espírito. Fazem uma unidade profunda na distinção das pessoas. Jesus pede ao Pai que envie o Espírito da Verdade (Jo 14,16s). Noutro momento, ele se chama a si como Verdade (Jo 14,6). Ele e o Espírito são a mesma Verdade, isto é, a Revelação de Deus Pai, que "o mundo não pode receber porque não o vê nem o conhece" (Jo 14,17). Noutro momento, é o próprio Jesus que envia da parte do Pai o Espírito, que dará testemunho dele, Jesus, para que os apóstolos em seguida também possam prosseguir esse testemunho (Jo 15,26s).

A Revelação do Novo Testamento vai mais longe. A Igreja é conduzida pelo Espírito. Na teologia de Lucas, a experiência de Pentecostes marca o início e a difusão da Igreja por obra do Espírito Santo. A descrição da cena impressiona. Os apóstolos, discípulos e discípulas do Senhor, com a presença de Maria, enchem-se do Espírito (At 1,12-14; 2,1-13). Começam as pregações (At 2,14-36), as conversões (At 2,37-41), o crescimento da Igreja (At 2,47), a descida do Espírito sobre pagãos (At 10,44-48).

11.3. A Trindade imanente

A fé cristã ousa mais ainda. Da Trindade que se revela na história, a fé cristã alçou vôo até o interior da Trindade. Se Deus se revela assim na história, é porque ele é assim nele mesmo. Vimos os dois movimentos da Trindade. Da Trindade existencial *Deus-em-nós*, caminhamos para a Trindade econômica: *Deus-para-nós*. Agora, dessa dupla Trindade, caminhamos para a Trindade imanente: *Deus-em-si*. K. Rahner não hesita em afirmar que a Trindade "econômica", isto é, histórico-salvífica, é a Trindade imanente: Pai, Filho e Espírito Santo.[10] A razão teológica é porque, na autocomunicação de Deus a sua criatura, pela graça e na Encarnação, Deus se dá e aparece (Trindade econômica) realmente como Ele é em si (Trindade imanente).

---

[9] Bordoni, M. *La Cristologia nell'orizonte dello Spirito*. Brescia, Queriniana, 1995.
[10] Rahner, K. *Curso fundamental da fé*. São Paulo, Paulinas, 1989. pp. 168-170.

Se a história da salvação é verdadeira, se nossa experiência de Deus é verdade, então a Trindade econômica e a Trindade experiencial são a mesma Trindade imanente. Não se trata de alguma outra realidade diferente de Deus, mas dele mesmo. E o único Deus que existe é o Deus trino. É ele que, na sua unidade e trindade, nos alcança salvificamente na história e na experiência pessoal.

ORAÇÃO À TRINDADE

Senhor nosso Deus, nós cremos em ti, Pai, Filho e Espírito Santo. Pois a Verdade não teria dito: Ide, batizai a todos os povos, em nome do Pai, do Filho e do Espírito Santo (Mt 28,19), se não fosses Trindade. Nem nos ordenarias que fôssemos batizados, ó Senhor nosso Deus, em nome de alguém que não é o Senhor Deus. Nem a voz divina diria: Ouve, ó Israel, o Senhor teu Deus é o único Deus (Dt 6,4), se não fosses Trindade e, ao mesmo tempo, o único Senhor Deus. E se tu, Deus Pai, fosses Pai e ao mesmo tempo fosses Filho, teu Verbo, Jesus Cristo; e fosses o mesmo Dom, que é o Espírito Santo, não leríamos nas Escrituras da Verdade: enviou Deus o seu Filho (Gl 4,4 e Jo 3,7). Nem tu, ó Filho Unigênito, dirias do Espírito Santo: aquele que o Pai enviará em meu nome (Jo 14,26), e aquele que eu vos enviarei da parte do Pai (Jo 15,26)...

Ó Senhor, meu Deus, única esperança minha, ouve-me, a fim de que jamais me entregue ao cansaço e não mais queira te buscar, mas, ao contrário, que sempre procure tua face, com todo o ardor (Sl 104,4). Fortalece aquele que te busca, tu que permitiste ser encontrado, e cumulaste de esperança de sempre mais te encontrar.

Eis em tua presença a minha força e a minha fraqueza: conserva a força e cura a fraqueza. Na tua presença, minha ciência e minha ignorância: lá onde me abriste, permite que eu entre. Lá onde me fechaste, abre-me ao bater. Que de ti me lembre, que te compreenda e que te ame! Faze-me crescer nesses dons, até que me restaures totalmente...

Um sábio, falando de ti em seu livro, conhecido pelo nome de "Eclesiástico", diz: Por muito que digamos, muito ficará por dizer, mas o resumo de tudo o que se pode dizer é: que o mesmo Deus é tudo (Eclo 43,29).

Portanto, quando chegarmos à tua presença, cessará o muito que dissemos, mas muito nos ficará por dizer e tu permanecerás só, tudo em todos (1Cor 15,28), e então eternamente cantaremos um só cântico, louvando-te em um só movimento, em ti estreitamente unidos.

Senhor, único Deus, Deus Trindade, tudo o que disse de ti nestes livros, de ti vem. Reconheçam-no os teus, e se algo há de meu, perdoa-me e perdoem-me os teus. AMÉM.

(Santo Agostinho, *A Trindade*, São Paulo, Paulus, 1994, pp. 555-557).

Resumindo

• *A fé cristã vem sendo desafiada pelo crescimento de uma nova consciência religiosa segundo a qual os indivíduos vão, eles mesmos, fazendo sua religião, escolhendo os ritos, as práticas religiosas que lhes respondem aos próprios anseios, sem preocupação com vincular-se a alguma Instituição, Igreja ou comunidade.*

• *A fé cristã responde criticamente, insistindo que ela é dom, é graça de Deus. Além disso, é vivida essencialmente em comunidade. A razão última da natureza da fé comunitária vem da própria Trindade que cria o ser humano com uma natureza comunitária. Mais. Chama-o a participar da sua própria vida íntima de comunidade divina. E, para realizar historicamente tal projeto, a Trindade cria a Igreja da qual se recebe a fé e na qual ela é vivida.*

• *Essa dimensão eclesial da fé torna-se, nos dias de hoje, ainda mais relevante por estarmos numa cultura extremamente individualista que já* está descartando as presenças físicas, substituindo-as pelas virtuais dos canais de comunicação.

• A Igreja é mãe de nossa fé. Recebemo-la em forma germinal no batismo e a desenvolvemos na catequese, na liturgia, no estudo e na contemplação da Escritura e da tradição. Pela cultura impregnada de fé, ela chega a nós. Hoje, porém, essa transmissão é cada vez mais rarefeita, de modo que se deve acentuar muito mais a dimensão de acolhimento pessoal e livre do fiel e a necessidade da ajuda da comunidade. Esta se constitui condição necessária para que possamos exprimir nossa fé. Na Igreja, ajudamos a outros na fé e somos ajudados. Estabelece-se uma verdadeira comunhão dos santos.

• A fé é também eclesial pelo fato de a Igreja fazer parte de seu próprio conteúdo. Com efeito, a Igreja entra no maravilhoso projeto salvador da Trindade, que é o objeto direto e primeiro da fé. O projeto salvífico de Deus é a Trindade revelando-se. Na verdade, a mesma Trindade, que se revela na história, salvando-nos, é a Trindade que existe nela mesma desde toda eternidade. Crer na Trindade é crer em tudo o que ela realiza de salvação, incluindo aí a Igreja.

Aprofundando
A fé eclesial pode correr o risco de fechar-nos no interior da Igreja. Para superar tal limite, cumpre vê-la no imenso projeto salvador de Deus e, de modo especial, na sua relação com a pessoa de Jesus. Pode-se dizer que, em última análise, crer é seguir a Jesus?

Perguntas para reflexão e partilha

1. Por que se pode dizer que a fé eclesial encontra sua raiz na Santíssima Trindade?

2. Tenho percebido na minha experiência do Espírito Santo uma vinculação eclesial?

3. Numa sociedade individualista e do império dos canais de comunicação mediática, como desenvolver uma fé comunitária?

Bibliografia complementar

BARREIRO, A. *Povo santo e pecador;* ensaio sobre a dimensão eclesial da fé cristã, a crítica e a fidelidade à Igreja. São Paulo, Loyola, 1994.

CATECISMO DA IGREJA CATÓLICA, n. 1066 e n. 1077-1109, São Paulo/Petrópolis, Vozes/Loyola/Paulinas/Ave Maria, 1993.

RATZINGER, J. *O novo povo de Deus.* São Paulo, Paulinas, 1974.

Capítulo sexto

CRER E O SEGUIMENTO DE JESUS

Jesus, o profeta da alegria.
I. Neutzling

1. JESUS EM CONTINUIDADE COM ISRAEL

Novos climas para a vivência da fé eclesial. Predominava a preocupação de marcar a diferença da fé eclesial católica em relação às outras expressões de fé cristã. Hoje cresce o espírito ecumênico que se alegra mais com a convergência do que com a divergência.

O mesmo fenômeno está acontecendo na relação com o judaísmo. A fé cristã procurava mostrar sua distância do judaísmo. Esquecia-se até de que Jesus era judeu. Recorria-se ao judaísmo para mostrar a novidade de Cristo, depois rompendo com ele. Agora, os sinais se inverteram. A nossa fé cristã se alegra da herança de Israel e procura-se no Novo Testamento acentuar a continuidade com o Antigo, sem esquecer naturalmente a originalidade do próprio Jesus.

Abraão e Maria
Obedecer (ob-audire) na fé significa submeter-se livremente à palavra ouvida, visto que a sua verdade é garantida por Deus, a própria Verdade. Dessa obediência, Abraão é o modelo que a Sagrada Escritura nos propõe, e a Virgem Maria, sua perfeita realização (Catecismo da Igreja Católica, n. 144).

Bem no início, os cristãos viveram essa tensão de continuidade e ruptura com a tradição judaica. O esforço de continuidade se deu identificando a pessoa de Jesus com a figura do Messias e reinterpretando, em perspectiva cristã, os messianismos do Antigo Testamento. Jesus cumpriu, de modo pleno e insuperável, as promessas feitas ao Povo de Israel.

Nas diversas representações do Messias para o povo de Deus, havia o elemento essencial de atribuir-lhe a função de ser o intermediário das promessas divinas de salvação, mostrando sua benevolência para com os seus eleitos e criando um reino de paz entre os homens[1]. Os cristãos

---

[1] STADELMANN, L. Cristo no Antigo Testamento In: AQUINO, M. F. de (org.). *Jesus de Nazaré; profeta da liberdade e da esperança.* São Leopoldo, Unisinos, 1999; p. 18ss. Texto que seguiremos de perto neste parágrafo.

reconhecem em Jesus o cumprimento de todas as promessas de Javé em relação a seu povo, para além mesmo dos seus limites, e numa direção que nem sempre concordava com a interpretação de certos messianismos populares.

A Palavra de Deus é dirigida ao profeta Natã, a fim de transmiti-la a Davi (2Sm 7,1-17). Em vez de Davi construir uma casa para Deus, será Deus que firmará a casa, o reino e o trono de Davi para sempre. Deus gratuitamente faz Davi fundador de uma linhagem real. A eleição da dinastia de Davi transforma-se numa das fontes da idéia do messianismo real. Nos escritos neotestamentários, Jesus receberá muitas vezes o título de "filho de Davi" em alusão a esse messianismo. Mateus começa a genealogia de Jesus, chamando-o de "filho de Davi" (Mt 1,1). Faz questão de relacionar José, o pai legal de Jesus, com Davi (Mt 1,20). Os cegos (Mt 9, 27; 20,30), a mulher cananéia (Mt 15,22) gritam por socorro ao Filho de Davi. A multidão, admirada, dizia: "Não será ele o Filho de Davi" (Mt 12,23)? Mais expressiva é a entrada solene em Jerusalém: "A multidão que ia à frente e a multidão que seguia atrás gritavam: "Hosana ao Filho de Davi. Bendito quem vem em nome do Senhor, hosana nas alturas" (Mt 21,9). Nas pregações depois da Páscoa, Pedro relaciona a ressurreição e glorificação de Jesus com as promessas feitas a Davi (At 2,25.34); Paulo faz o mesmo (At 13,22.33ss).

O messianismo profético é mais aplicado a Jesus. O povo de Israel tinha a consciência de que nunca lhe faltaria a presença de profetas. Depois de Moisés, considerado o primeiro grande profeta de Israel, Deus enviará outros profetas (Dt 18,15) como seu porta-voz para o povo. Pedro interpreta Jesus como aquele que realiza essa promessa feita a Moisés. Nos sinópticos, Jesus recebe o título de "o profeta". O povo o considera profeta (Mt 21,11.46; Lc 7,16; Mc 6,15; Jo 6,14; 7,40). Jesus faz alusões claras de ser um profeta, ao referir-se ao descrédito dos seus conterrâneos (Mc 6,4). Passagem mais emocionante é sua decisão de subir a Jerusalém, ao referir-se a sua morte: "É necessário, entretanto, que caminhe hoje, amanhã e depois de amanhã, porque não é admissível que um profeta morra fora de Jerusalém" (Lc 13,33).

O Novo Testamento viu no messianismo do Servo de Javé a explicação para o lado dramático e até mesmo escandaloso da vida de Jesus: sua paixão e morte. Exatamente porque o Servo de Javé aparece como uma figura de sofrimento, esse messianismo teve pouco sucesso no meio do povo. Opunha-se, aparentemente, ao messianismo real, nacionalista, mais sedutor.

Para a comunidade cristã foi todo o contrário. Encontrou aí luz para mostrar a continuidade entre a figura de Jesus e a do Servo Sofredor, descrita pelo Dêutero-Isaías (53,1-12), e assim superar o escândalo dos sofrimentos e humilhações de Jesus. O relato da paixão se deixa entender muito melhor se se tem como pano de fundo a figura do Justo sofredor: seu silêncio, golpes na sua face, os escárnios, as humilhações, as chagas, a imagem do cordeiro arrastado ao matadouro, o julgamento iníquo, a morte entre celerados etc. Outras passagens do Antigo Testamento completam o quadro da paixão, especialmente o Salmo 22, colocado na boca de Jesus na hora de sua morte.

O messianismo transcendente, escatológico de Daniel (7,13) apresenta a figura gloriosa do Filho do Homem. Termo que Jesus usou com muita freqüência. Ele conserva essa dupla dimensão de terra e de glorificação. L. Stadelmann explica o significado terrestre dessa expressão a partir da frase de Jesus: "O Filho do Homem não veio para ser servido mas para servir e dar sua vida em resgate de muitos" (Mc 10,45). Vê na expressão um semitismo. "Filho, em hebraico, 'ben', significa alguém que está a serviço de outrem. A palavra 'homem', aqui, corresponde melhor ao sentido de 'humanidade'. Quando Jesus se designa 'Filho do Homem' não visa a ressaltar sua excelsa dignidade, para contrastar com a humilhação, mas expressa a 'missão' que lhe cabe desempenhar, pois — fato notável no AT—, Deus promete a salvação por meio do homem."[2] No entanto, essa expressão também revela, para a consciência da comunidade, a missão de Jesus como juiz glorioso de toda a humanidade (Mt 25,31), unindo paradoxalmente a glória à cruz, à realidade humana de serviço de Jesus.

Jesus, um judeu observante

A representação geral de Jesus que emerge dos Evangelhos Sinóticos é a de um judeu que observa as principais práticas religiosas de sua nação...

De início, Jesus é regularmente associado com sinagogas, centros de culto e de ensino. Encontramos referências gerais à sua presença nestes centros da Galiléia, por vezes especificamente no Shabat. Duas dessas sinagogas, uma em Cafarnaum (Mc 1,21; Lc 4,31) e a outra em Nazaré (Lc 4,15), são especificamente designadas. Ao que parece, ele era uma figura familiar nesses círculos, como mestre e pregador de grande originalidade muito solicitado, bem como operador de curas, carismático e exorcista altamente admirado (Mc 1,39; Mt 4,23; Lc 4,44 etc.)

Se nos ativermos aos Evangelhos Sinóticos e deixarmos de lado a narrativa não histórica da infância que encontramos em Lucas, o elo entre Jesus e o Templo de Jerusalém é tenuemente documentado, já que apenas uma visita à capital é mencionada. Mesmo assim, ele aparece em todos os três Evangelhos como um homem que, em obediência à lei bíblica, vinha a Jerusalém no Pessah, um dos festivais de peregrinação obrigatória. Visitava o santuário, onde a atmosfera profana que reinava na área dos mercadores o incitou a uma intervenção violenta que pode ter contribuído substancialmente para decidir seu destino. Entretanto, quando se acalmou, é relatado que ensinava todos os dias no pátio do Templo, aparentemente sem ser molestado, embora provavelmente vigiado pelas autoridades (Mc 11,15; 14,49; Mt 21,12; 26,55; Lc 19,45; 22,53 etc.). (G. Vermes, A religião de Jesus, o Judeu, Rio de Janeiro, Imago, 1995, p. 21)

2. ORIGINALIDADE DE JESUS PARA O NOVO TESTAMENTO

Ao mostrar a continuidade, o Novo Testamento já apontava para a originalidade de Jesus, acrescentando o artigo aos títulos messiânicos e dando-lhes uma transcendência. Assim, reconhece em Jesus o Messias, no sentido pleno. Mesmo ao título tão terrestre como Filho de Davi ajunta-se a

---

[2] STADELMANN, op. cit., p. 30.

dimensão transcendente, especialmente em Mateus e Lucas, como vimos no parágrafo anterior.

Para além da preocupação da continuidade, a figura de Jesus emerge no seu caráter absolutamente transcendente. O Novo Testamento já começa a forjar a fé cristã em torno de Jesus. Empreendimento hercúleo que a Igreja levará a cabo de modo especial até o Concílio de Calcedônia, quando se chega a uma síntese maravilhosa da dupla realidade de Jesus — humana e divina —.

A comunidade reconhece em Jesus ressuscitado o Senhor e Cristo (At 2,33-36). O título divino de *Kyrios* — Senhor — marca a dupla relação de senhorio por parte de Jesus, e de adoração por parte da comunidade. A vida de Jesus com sua humilhação e glorificação é interpretada em concordância com a vontade Deus e com o testemunho da Escritura. Mateus semeia ao longo de seu evangelho textos do Antigo Testamento e acrescenta como refrão: "para cumprir o que fora dito pelo profeta" (Mt 1,22; 2,5.15.17.23ss).

A originalidade máxima do Novo Testamento reflete-se no fato de reconhecer em Jesus o Filho de Deus. Os pontos de partida são as poucas mas expressivas passagens em que Jesus reflete sua consciência espontânea de filiação, dirigindo-se a Deus como Abbá, Pai.

Abbá

O exegeta alemão J. Jeremias faz remontar às palavras do próprio Jesus à expressão do "Pai que está no céu" e dele também o modo de utilizar as características de um pai terrestre para revelar-nos o amor de Deus (Lc 15,11-32). Jesus utilizou constantemente, menos em Mc 15,34 e o paralelo Mt 27,46, a palavra Pai quando se dirigia a Deus. O termo empregado por Jesus terá sido o aramaico "abba". Portanto, ao usar na invocação "Abba" — meu Pai —, Jesus inova a maneira de invocar a Deus. Estamos diante de uma expressão que saiu dos lábios de Jesus. Termo que pertence ao vocabulário que as crianças usam para seu pai (cf. J. Jeremias, O Pai-Nosso: a oração do Senhor, São Paulo, Paulinas, 1976, pp. 40.64-66).

A filiação divina de Jesus tornou-se tema querido da catequese sinóptica. Tal fato não teria sido possível sem que encontrasse no próprio Jesus sua origem. Ele não terá afirmado direta e explicitamente ser o Filho de Deus, mas, em algumas passagens, emergiu espontaneamente de seus lábios a referência a Deus como Pai. Precisamente onde não se esperava. Ao referir-se à hora do final do mundo, Jesus diz que "ninguém sabe, nem os anjos do céu, nem o Filho, mas somente o Pai" (Mc 13,32/Mt 24,36). Não faz nenhuma afirmação explícita de sua filiação divina. Sua relação com Deus Pai não é o objeto da afirmação, mas o pano de fundo. Aparece sua posição única acima dos anjos. Portanto, uma existência diferente. Na parábola dos vinhateiros (Mc 12,1-9), temos situação semelhante. O Filho não é o objeto direto da afirmação, nem a vinha, mas os vinhateiros. No entanto, os judeus entenderam perfeitamente que se tratava de Jesus, considerado o Filho, o herdeiro. Enfim, outra passagem extraordinária, em que brota a consciência de filiação de Jesus, é o júbilo messiânico (Mt 11,27). De novo, há aí uma afirmação espontânea de Jesus em que ele revela sua verdadeira filiação divina.[7]

Cada evangelista vai dar-nos uma imagem de Jesus. Em Mateus, o Antigo Testamento, e, de modo especial, a figura de Moisés, servem de pano de fundo. Jesus leva a Lei antiga a sua perfeição (Mt 5,17), superando todo o Antigo Testamento. Jesus, referindo-se a si, diz: "Aqui está alguém maior do que Jonas" (Mt 12,41), "do que Salomão" (Mt 12, 42), "símbolos do profeta e do rei". A superioridade de Jesus sobre Moisés aparece de muitas maneiras, ora aperfeiçoando a Lei de Moisés, ora opondo-se a ela: "Ouvistes o que foi dito aos antigos" (Mt 5,21.27.31.33.38.43), "Eu, porém, vos digo" (Mt 5, 22.28.32.34.39.44). Jesus é o grande Mestre. Com sua autoridade reformula a Lei de Moisés. Mateus persegue a idéia da superioridade de Jesus sobre Moisés desde o nascimento em que Jesus é salvo pelo anjo, e Moisés, pela filha do Faraó. Jesus sobe ao Monte das Bem-aventuranças e, por própria autoridade, proclama a sua nova Lei, enquanto Moisés recebe no Monte Sinai a Lei antiga. Moisés, no alto da Montanha, fala com Deus no meio de raios e trovões, descendo com o rosto iluminado. Jesus, no Tabor, ouve a voz do Pai e transfigura-se em pura luz. Enfim, Jesus é o novo Moisés, muito superior. Sela a nova e eterna aliança com o próprio sangue, conduz o Novo Povo de Deus — toda a humanidade — para o Reino definitivo. Suas palavras não passarão (Mt 24,35).

Jesus e o Reino. Outro tema central de Mateus. Descreve com inúmeras parábolas a natureza do Reino. O Reino de Deus é como a semente em terrenos diferentes (Mt 13,3-9; 18-23), nele se misturam joio e trigo (Mt 13,24-30), peixes bons e imprestáveis (Mt 13,47-50), ele é escondido e vigoroso como a semente de mostarda (Mt 13,31-32) e o fermento (Mt 13,33), é valioso como o tesouro e a pérola (Mt 13,44-46).

Reino de Deus

Reino de Deus é o próprio poder de Deus atuando sob a forma de juízo e, sobretudo de salvação, em nossa história, mas cuja realização plena se manifestará somente no final dos tempos pela vitória definitiva sobre todos os inimigos — inclusive a morte —, em domínio eterno sobre tudo e sobre todos...

A soberania de Deus e o Reino de Deus são, por conseguinte, dois aspectos de uma só realidade. Aquela indica o caráter dinâmico, presente, do domínio de Deus; o Reino de Deus indica antes o estádio definitivo a que aponta a ação salvífica de Deus... Deus é senhor da história e outorga soberanamente a salvação aos homens: tal é o conteúdo da noção bíblica de Reino de Deus (E. Schillebeeckx, *Jesús. La historia de un viviente*, Madrid, Cristiandad, 1981, p. 129, citado por J. B. Libanio & M. C. Bingemer, 2. ed., Petrópolis, Vozes, 1994, p. 103ss).

---

[7] Para um estudo aprofundado, cf.: VAN IERSEL, B. M. Der Sohn. In: *De synoptischen Jesuworten*. Leiden, Bril, 1964.

Um último traço. Salienta o destaque que Jesus dá à práxis.[3] Cumprir a lei (Mt 5,17ss), fazer ao outro o que queremos que nos façam (Mt 7,12), não simplesmente dizer "Senhor, Senhor", mas praticar a vontade de Deus (Mt 7,21), fazer a vontade de Deus é tornar-se irmão, irmã e mãe de Jesus (Mt 12,50): são temas fundamentais da prática cristã. Nas críticas contra os fariseus, Jesus retrata-nos a qualidade de nossa prática cristã: transparência, liberdade diante do formalismo, autenticidade etc.

Marcos apresenta-nos um Jesus desdemonizando o mundo. A vida de Jesus é um drama em que ele luta contra o mal e vence-o. O cristão é chamado a refazer em si o itinerário de Jesus de chegar à glória passando pela cruz. Como Pedro e o centurião, o cristão confessa sua fé na divindade de Cristo. Pedro simboliza nossa ambigüidade: com os olhos da carne não queremos a cruz, com os olhos do Espírito o reconhecemos como Filho de Deus. Ao rasgar-se o véu no templo, termina o judaísmo e inicia-se o Cristianismo no mundo pagão. A eficácia da obra de Jesus manifesta-se na confissão de fé do Centurião.

Lucas pinta-nos uma figura paradoxal de Jesus. De um lado, apresenta-nos sua face de misericórdia extremada em relação aos pecadores (Lc 15). Jesus é o salvador universal, libertador dos pobres, doentes, marginalizados. As mulheres ocupam relevo na vida de Jesus. O tema da alegria, da esperança inunda as primeiras páginas.

Por outro lado, Lucas radicaliza as exigências do seguimento de Jesus. Acrescenta ao imperativo feito ao discípulo de "carregar a cruz" o inciso "cada dia" (Lc 9,23). Dirigindo-se às multidões, Jesus estabelece as condições para ser discípulo: "Se alguém vem a mim e tem mais amor ao pai, à mãe, à mulher, aos filhos, aos irmãos, às irmãs e mesmo à própria vida do que a mim, não pode ser meu discípulo. Quem não carrega a sua cruz e não me segue, não pode ser meu discípulo" (Lc 14,26-27). E, em relação a Mateus, acrescentou duas renúncias: "à esposa e à própria vida", além de frisar a condição de discípulo. É, sem dúvida, uma figura que fala muito perto ao nosso continente na sua dupla face de amor aos pobres e exigência do seguimento.

Seguir Jesus para ficar com ele

Jesus chama outras pessoas para segui-lo (Mt 10,1; Lc 9,1; 10,1). Todos com o mesmo anúncio: "O Reino chegou!" (Lc 10,9; Mt 10,7). Ele chama para duas coisas: "para ficar com ele" e "para enviar a pregar e a expulsar os demônios" (Mc 3,13-15). São as duas coisas mais importantes na vida de um cristão ou de uma cristã: ser da comunidade (ficar com Jesus), e a comunidade realizar a missão que recebeu (pregar e expulsar o poder do mal). Não são duas coisas distintas. São como dois lados da mesma medalha.

---

[3] WEGNEr, U. Jesus nos evangelhos sinóticos. In: AQUINO, M. F. de (org.) *Jesus de Nazaré; profeta da liberdade e da esperança.* São Leopoldo, Unisinos, 1999. pp. 34-40.

> A maneira de Jesus chamar as pessoas é simples e variada. Ele passa, olha e chama (Mc 1,16-20)... O chamado não é coisa de um só momento, mas é feito de repetidos chamados e convites, de avanços e recuos. Começa à beira do lago (Mc 1,16) e só termina depois da ressurreição (Mt 28,18-20; Jo 20,21)... O chamado é gratuito; não custa. Mas acolher o chamado exige decisão e compromisso. Jesus não esconde as exigências. Quem quer segui-lo deve saber o que está fazendo: deve mudar de vida e crer na Boa-Nova (Mc 1,15), deve estar disposto a abandonar tudo e assumir com ele uma vida pobre e itinerante. Quem não estiver disposto a fazer tudo isso, "não pode ser meu discípulo" (Lc 14,33) (C. Mesters, *Com Jesus na contramão*, São Paulo, Paulinas, 1995, pp. 65-67).

A figura de Jesus no Novo Testamento chega a seu ponto teológico mais alto em S. Paulo e S. João. "No centro das idéias cristológicas de S. Paulo estão as noções de preexistência (embora mais pressuposta que ensinada explicitamente) e a adoração de Cristo como Senhor. Ambas, porém, já estavam disponíveis para serem utilizadas. Ele simplesmente aprofundou-as, adaptou-as para a pregação nas comunidades helenísticas e, ao mesmo tempo, compô-las dentro de uma visão universal da história da salvação".[4]

Paulo apresenta Cristo anterior à criação e como seu autor (1Cor 8,6; Cl 1,15ss), o que implica naturalmente a preexistência de Cristo. Essa mesma idéia aparece no envio do Filho por parte do Pai: "Mas quando chegou a plenitude dos tempos, Deus enviou seu Filho, que nasceu de uma mulher e foi submetido a uma Lei" (Gl 4,4). Afirma-se claramente a filiação de Jesus em relação ao Pai (2Cor 1,19; Rm 8,32).

Cristo é o Senhor para os fiéis (Rm 10,12s; 2Cor 3,18); é o Soberano face ao cosmo (Fl 2,11; 1Cor 2,8; Ef 1,20ss; Cl 1,15ss). A afirmação do Senhorio de Cristo se faz no contexto da unicidade de Deus, em oposição às crenças pagãs de vários "pretensos deuses no céu e na terra" (1Cor 8,5). "Para nós não há mais do que um só Deus Pai, de quem tudo procede e para quem nós existimos; e um só Senhor, Jesus Cristo, por quem existem todas as coisas e nós também" (1Cor 8,6). Cristo é o Senhor, "cabeça suprema de toda a Igreja" (Ef 1,22; 4,15; 5,23).

João vê toda a vida de Jesus à luz de sua transcendência. No evangelho de João, o apelativo de Pai aparece mais de cem vezes nos lábios de Jesus, ao referir-se a Deus. Assim, nos escritos de João, observa J. Jeremias, "o termo 'o Pai', empregado de modo absoluto, tornou-se simplesmente o nome de Deus para os cristãos".[5]

A fé da comunidade joanina exprime-se nessa relação profunda entre Jesus e Deus Pai. "Jesus fala as palavras que o 'Pai' lhe confiou e identifica-se com essas palavras a tal ponto que ele pode ser chamado a

---

[4] GRILLMEIER, A. *Christ in the christian tradition;* from the Apostolic Age to Chalcedoon (451). Londres, Mowbray, 1965. p. 13. Os parágrafos seguintes seguem a reflexão desse autor.
[5] JEREMIAS, J. *O Pai-Nosso:* a oração do Senhor. São Paulo, Paulinas, 1976. p. 34.

Palavra de Deus dirigida a nós".[8] O prólogo de João afirma a preexistência da Palavra — Verbo — junto de Deus Pai com imensa clareza. O que Jesus diz e faz é Deus quem o faz e o diz. Jesus é fundamentalmente nesse evangelho a Palavra reveladora, salvadora e amorosa de Deus Pai. "Deus amou tanto o mundo, que entregou o seu Filho único, para que todo aquele que nele crer não morra, mas tenha a vida eterna" (Jo 3,16). No agir de Jesus, vemos a Deus. E o máximo dessa ação é sua morte na cruz, expressa por João como "exaltação", comparando-a com a serpente "exaltada" por Moisés no deserto para que crendo nele se tenha a vida eterna (Jo 3,14). Nesse momento maior de sua vida, sua exaltação na cruz, se reconhecerá a verdade divina de Jesus. João usa uma expressão fortíssima para os ouvidos judeus. Pois, nesse momento, diz Jesus: "sabereis que eu sou" (Jo 8,28). Este "eu sou" soa para um inconsciente judeu: "Javé". E é também nesse momento que ele atrairá todas as pessoas (Jo 12,32). Como se alguém ainda tivesse dúvida da imagem, o evangelista acrescenta: "Jesus dizia isso para indicar de que morte haveria de morrer" (Jo 12,33).

3. A VERDADE DA DUPLA NATUREZA DE JESUS

A fé em Cristo, enquanto esteve formulada predominantemente num universo semita e para pessoas vinculadas ao mundo da Bíblia, tinha a preocupação principal de ver a posição de Cristo no grande projeto salvador de Deus. Ao deslocar-se cada vez mais para o mundo grego, surgem preocupações em conhecer melhor as verdadeiras naturezas humana e divina de Jesus. Era um outro tipo de pensar.

Pensar bíblico e pensar grego

O pensar bíblico é criacionista, histórico, existencial. O pensamento grego é naturista, cósmico e essencial. O homem bíblico vê todos os seres à luz da criação, como realidades imperfeitas que dependem de Deus. O grego contempla tudo como um "todo perfeito". Para o semita, as criaturas estão em perpétua transformação, em devir. O grego não conhece a gênese. Prefere situar tudo no espaço eterno. Se a natureza comanda o grego, a história articula as realidades como eventos na visão semita. O ser humano é percebido composto em partes essenciais na compreensão grega. Corpo e alma são elementos essenciais. O semita vê-o em situações diferentes de vida (alma), de fraqueza (carne), de relação com os outros (corpo), no mundo divino (espírito) (ver em H. Cl. de Lima Vaz, *Ontologia e história,* São Paulo, Duas Cidades, 1968, pp. 237-239).

O modo de pensar grego quer investigar a essência mesma da realidade bipolar de Jesus. Inevitavelmente surgem as tendências de acentuar um dos pólos e a busca da ortodoxia de manter o equilíbrio. Assim, ora acentuava-se a natureza divina de Jesus a ponto de ameaçar a sua humanidade, ora o contrário. Quando se insistia na divindade, captava-se

---

[8] Konings, J. *Cristologia da comunidade joanina.* In: Aquino, M. F. de (org.) *Jesus de Nazaré,* cit., p. 54.

bem a unidade e identidade ontológica de Jesus no seu ser divino. A fé, a adoração, o culto a Jesus fundamentavam-se no fato de ele ser "um só Senhor, Filho Unigênito de Deus, nascido do Pai antes de todos os séculos; Deus de Deus, luz da luz, Deus verdadeiro de Deus verdadeiro; gerado, não criado, consubstancial ao Pai" e de que "por ele todas as coisas foram feitas", como se reza no Símbolo Niceno-Constantinopolitano.

Símbolo Constantinopolitano
Símbolo atribuído pelos Padres de Calcedônia ao Concílio Constantinopolitano (a. 381). Nesse Concílio foi definida a divindade do Espírito Santo e a sua procedência do Pai e do Filho. O texto parece ter sido anteriormente redigido por Santo Epifânio ao qual se acrescentaram elementos do Símbolo de Nicéia (a. 325) (I. Ortiz de Urbina, *Nicée et Constantinople,* Paris, Ed. de l'Orante, 1963).

A verdade da estrita divindade de Jesus foi definida no Concílio de Nicéia (a. 325), quando os Padres conciliares forjaram a palavra grega *"homoousios"* — consusbstancial, da mesma natureza. Assim afirmaram que Jesus não tinha uma natureza semelhante a Deus Pai, nem era uma primeira criatura privilegiada por meio da qual Deus teria criado o mundo, a modo de um demiurgo, mas "era da mesma natureza" que Deus. Apesar de ser uma palavra de cunho filosófico, não bíblica, o Concílio a forjou para inculturar na mentalidade filosófica e substancialista grega o que a Escritura já ensinava em termos histórico-salvíficos. A Escritura fala-nos de Jesus na sua relação com Deus Pai no conjunto da História da Salvação. Descreve preferencialmente o papel de Jesus nela. Estava fora de sua mentalidade falar estritamente da natureza ontológica, isto é, da identidade de ser entre Jesus e Deus Pai. A filosofia grega, por sua vez, interessava-se muito por essa questão. Não havendo na linguagem bíblica nenhuma palavra que traduzisse exatamente o que os gregos queriam dizer, os padres de Nicéia criaram a palavra "consubstancial" para indicar essa identidade de Jesus e de Deus no último nível do ser.

Evidentemente à medida que a teologia e a piedade acentuavam a divindade de Jesus, eclipsavam a humanidade de Jesus. Essa tendência ameaçava a própria realidade salvadora de Jesus. Encurtar-lhe a humanidade trazia para a fé e para a vida cristã gravíssimos inconvenientes. Os docetas, existentes desde os tempos apostólicos, ensinavam que o corpo de Jesus era pura aparência ou etéreo, celeste. No fundo, ele não sofreu verdadeiramente nem morreu. A cruz serviu para enganar os incréus. Assim queriam resolver o problema da imortalidade e da impassibilidade do Verbo de Deus, de um lado, e, de outro, o fato do sofrimento de Jesus. A realidade ficava do lado do Verbo, e a aparência, do lado da humanidade. Sua vida humana reduzia-se a um "faz-de-conta" para nós. Fingia que não sabia, e sabia; fingia que decidia humanamente, mas já estava tudo anteriormente decidido, fingia que sofria e morria, mas não. Não tinha nenhuma vontade nem liberdade humana. Um mero modelo divino, que se vestiu da aparência da carne humana.

Sem chegar a esse extremo, os monofisitas defendiam que Jesus só tinha uma natureza, a divina. No Verbo divino, que se uniu à humanidade, diluiu-se a humanidade como "uma gota de mel se dissolve no mar". Negavam que a natureza humana de Jesus permanecesse completa, sem mistura com a divindade numa única pessoa.

Desde cedo, a Igreja percebeu o risco dessas posições. Estava em jogo a nossa própria redenção. Forjaram um axioma que resume bem o pensamento: *"Quod non assumptum – non sanatum".*

Quod non assumptum – non sanatum

O que (por meio de Cristo na Encarnação) não foi assumido, também não foi curado, redimido.

Na história dessa afirmação, que começa com os gnósticos, e levada adiante pelos Padres da Igreja, aparece em primeiro plano ora o ponto de vista mais antropológico-soteriológico, ora mais cristológico... [Contra a tendência gnóstico-doceta], Irineu exige uma aplicação desse princípio ao corpo e fundamenta assim a plena humanidade [de Jesus]... Orígenes ensina que Cristo assumiu um corpo verdadeiro... e a formula assim: "O homem todo não teria sido salvo, se Ele não tivesse assumido o homem todo"...

Na luta contra os que negavam a alma de Cristo..., acentua-se então que Cristo assumiu uma alma humana. Gregório Nazianzeno diz contra os arianos: "O que não foi assumido, não foi curado: o que foi unido a Deus, isto também foi salvo". É uma frase que é aplicável contra a cristologia doceta e monofisita (A. Grillmeier, *LTK* [2. ed., Freiburg 1963] VIII, p. 954ss).

A fé cristã, na sua normal oscilação, acentuou também a humanidade de Cristo a ponto de ameaçar a unidade de sua pessoa, colocando, assim, em risco o único "Eu" divino em Jesus. É como se Jesus tivesse dois "eu", um divino e outro humano. O Verbo divino não era, para tal posição, o sujeito das realidades humanas de Jesus.[9]

Essa valorização da humanidade de Jesus exprime outras preocupações. Aproxima-se mais dos textos bíblicos. Leva absolutamente a sério o fato da Encarnação, da humilhação do Verbo divino, ao assumir a nossa condição humana. Tem dificuldade de conciliar tal perspectiva com a natureza divina de Jesus.

As conseqüências teológicas não são menos graves. Essa valorização responde a muitos aspectos da vida terrestre de Jesus. No entanto, contradiz afirmações também explícitas do Novo Testamento, sobretudo as de S. Paulo e S. João a respeito da unidade divina da pessoa de Jesus. Mesmo que o acento bíblico caia sobre a ação de Jesus no contexto da história da salvação, não se pode cindir o agir do próprio ser. O Jesus que

---

[9] Tal posição recebeu o nome de "nestorianismo", porque se atribui ao Patriarca de Constantinopla Nestório († 451) tal ensinamento. Estudos históricos mais aprofundados matizam muito as acusações dessa heresia a Nestório. Ele quis certamente permanecer na ortodoxia, esforçando-se para manter estreita unidade da realidade divina e humana em Cristo. Na sua condenação pelo Concílio de Éfeso (431), sob a direção de S. Cirilo de Alexandria († 444), jogaram-se atitudes confusas.

age divinamente tem de ser também divino. Não ocuparia o papel de plenitude na história da salvação, se não fosse o próprio Filho de Deus.

A síntese dessas duas tendências veio por conta do Concílio de Calcedônia em 451. Nele, os Padres definem com firmeza a dupla e perfeita natureza de Jesus na unidade de pessoa. A fórmula de Calcedônia constitui-se um mosaico genial, em que se encaixaram pedrinhas teológicas de diversas origens, fazendo ressaltar a figura de Jesus na sua dualidade de natureza e unidade de pessoa.

Merecem atenção os quatro advérbios que os Padres usaram para definir a relação entre as duas naturezas na única pessoa divina de Jesus. Eles refletem cuidado apurado para manter o equilíbrio. Preferiram a forma negativa, excluindo os excessos.

Definição do Concílio de Calcedônia

Seguindo, pois, os Santos Padres, todos ensinamos unanimemente que se deve confessar que nosso Senhor Jesus Cristo é um e o mesmo Filho, o Mesmo perfeito na divindade, o Mesmo perfeito na humanidade, verdadeiramente Deus e verdadeiramente homem, o Mesmo [constituído] de alma racional e de corpo; consubstancial ao Pai segundo a divindade e o Mesmo consubstancial a nós segundo a humanidade...

O único e o mesmo Cristo, Filho, Senhor, unigênito, deve ser reconhecido em duas naturezas [que existem] inconfusamente, imutavelmente, indivisamente, inseparavelmente; a diferença das naturezas não é nunca suprimida por causa da união, mas antes são conservadas as propriedades de ambas as naturezas que confluem para uma única pessoa e subsistência [e que] não se partem ou dividem em duas pessoas, mas no único e mesmo Filho unigênito, Deus, Verbo, o Senhor Jesus Cristo: assim antes os profetas falaram dele e o próprio Jesus Cristo nos ensinou de si e o símbolo dos Padres nos transmitiu.

Esta peça maravilhosa da tradição de nossa fé condensou e orientou até hoje o caminhar da fé cristã. Poderia parecer que se trata aqui de discussões passadas que animaram os primeiros séculos da teologia e que hoje já estariam totalmente sepultadas. Mas não. Essa questão crucial volta continuamente sob novas feições. Eis a pergunta que se levanta: como se vive, hoje, essa dimensão cristológica da fé cristã?

4. DESLOCAMENTO DA ONTOLOGIA PARA O SIGNIFICADO

O pensamento moderno se defrontou com a fé cristã em muitos pontos. Embora continue uma questão de fundo, sempre pressuposta, a discussão sobre a divindade de Jesus em termos ontológicos, de "ser", deslocou-se para o significado desse fato. O problema crucial gira em torno do significado de Jesus para cada pessoa, para a Igreja, para o mundo ocidental, para toda a humanidade. Mudou a pergunta de "quem é Jesus"? para "que significa Jesus"? Tal pergunta, paradoxalmente, aproxima-nos mais do Novo Testamento. O. Cullmann já tinha observado que, então, a pergunta não se fazia sobre o "ser" de Jesus, mas muito mais sobre a sua função. Isso nos coloca mais perto do significado.

Cristologia do Novo Testamento

No Novo Testamento, não se fala quase nunca da pessoa de Cristo sem que entre em questão, ao mesmo tempo, sua obra... Quando o Novo Testamento pergunta: "Quem é o Cristo?", isso não significa nunca exclusivamente, nem mesmo principalmente: "Qual é a sua natureza?" mas, antes de tudo: "Qual é a sua função?" Assim, as diversas respostas que o Novo Testamento dá a essa questão — que se exprimem por diferentes títulos — visam sempre e ao mesmo tempo a sua pessoa e a sua obra. Isso é até mesmo verdadeiro para títulos que têm por objeto o Cristo preexistente: Logos, Filho de Deus, Deus... Estes títulos, sem dúvida, levantam também implicitamente a questão da relação pessoal e original entre Cristo e Deus; no entanto, mesmo aí, o problema, na verdade, não é uma questão relativa a "naturezas"... A discussão sobre as "duas naturezas", em última análise, era um problema grego, não tanto um problema judeu e bíblico (O. Cullmann, *Christologie du Nouveau Testament*, Paris/Neuchatel, Niestlé/Delachaux, 1966, p. 11ss).

A questão pelo sentido tornou-se aguda para as pessoas de hoje. É nesse contexto que o significado de Jesus se situa. Vivemos profunda crise de sentidos. Esta se configura por causa da proliferação de pequenos sentidos e a carência de um sentido maior. Dois fatos recentes provocaram fundamentalmente tal situação.

Durante milênios, o sentido do Sagrado regeu as sociedades tradicionais, inspirou todas as esferas humanas. No mundo ocidental cristão, esse Sagrado era definido pela fé cristã. Com a modernidade, o processo de secularização, por mais ambíguo que ele seja, conseguiu, sem dúvida, infirmar ou anular a presença do Sagrado cristão.

A razão iluminista bateu-se fortemente contra a pretensão do Cristianismo poder oferecer um sentido universal. Mais: esse sentido vinha de fora do âmbito da experiência humana por via de revelação, de autoridade. Sofria-se tal intervenção como ingerência indevida no âmbito da autonomia do sujeito. Os modernos não aceitavam que o evento de Jesus pudesse interpelar, de modo absoluto, o ser humano no que se refere à sua identidade e plenificação. Dessa maneira, abriu enorme espaço para que pululassem outras instâncias criadoras de sentido.

Já no século XIX, mas sobretudo no século XX, assistimos ao surgimento de gigantesco movimento social que conseguiu dar um sentido de vida, de história, de luta para milhões e milhões de pessoas. Foi o socialismo. Ocupou com sua escatologia terrena o espaço que a diminuição da presença da escatologia transcendente cristã deixara. Transcreveram-se em código político muitos elementos da proposta do Reino de Deus, pregados pelo Cristianismo.

A queda fragosa do socialismo rasgou um espaço vazio ainda maior de sentido. Os seus milhões de seguidores perderam rumo. Tanto mais grave que a queda está o fato de que ela não foi principalmente provocada por alguma força extrínseca avassaladora, mas por corrosão interna, por desgaste e decadência de sua capacidade criativa, utópica, criadora de sentido. Assim a crise ficou mais aguda.

Por sua vez, o capitalismo, a única ideologia político-econômica atuante, se mostra demasiado fútil, incapaz de oferecer um sentido maior para encher a vida das pessoas. Alicerçado em valores desprezíveis e indignos da concorrência desonesta e sem freio, do lucro sem limite, da produtividade comercializável, ele não consegue animar as pessoas por dentro. Antes, tem produzido uma geração entediada, sem gosto de viver, sufocada num hedonismo a curto prazo e em um materialismo sem nenhuma transcendência. Talvez o maior valor e sentido que o momento atual apresente seja o "útil". Vale o que é útil. Útil se torna, numa sociedade do trabalho, aquilo que tem valor de troca, que rende. Hoje o objeto de maior valor são os "softs", cuja produção está gerando as maiores riquezas.

Nesse contexto de crise de sentidos, levanta-se a questão da fé cristã. Que significa crer em Jesus Cristo num mundo esvaziado de sentido transcendente e mergulhado no mais agudo presentismo?

5. REFORÇO DO CONHECIMENTO DOUTRINAL DE CRISTO

Uma primeira resposta soa: voltar a insistir no conhecimento doutrinal de Cristo, pois vivemos uma situação em que cada vez mais se perde a tradição cristã. Já há famílias em países outrora cristãos em que os filhos desconhecem totalmente a fé cristã. A cultura circundante já não transmite símbolos e valores cristãos. Com justeza, fala-se de uma "reevangelização" ou "nova evangelização". Só por meio de uma consistente catequese sobre Jesus Cristo tem-se chance de firmar a fé cristã. Está aí o *catecismo da Igreja Católica* a incentivá-la. Em preparação ao grande Jubileu da Encarnação, a Igreja dedicou, segundo um plano proposto por João Paulo II, um ano inteiro à reflexão sobre Cristo.[10] Sugeriram-se conteúdos como a redescoberta de Cristo Salvador e Evangelizador, o aprofundamento do mistério da sua encarnação e do seu nascimento do seio virginal de Maria, a necessidade da fé nele para a salvação. Recomendou-se o retorno ao renovado interesse pela Bíblia.

Numa perspectiva bem diferente, americanos conservadores insistem num retorno aos valores objetivos da fé cristã. Fazem-no na convicção de com eles salvar o capitalismo da atual crise,[11] já que foram esses valores que estiveram na sua origem.[12] Vencido o socialismo, o maior inimigo do capitalismo vem de suas entranhas. Valores fundamentais que o

---

[10] João Paulo II. Carta apostólica *Tertio millennio adveniente*. São Paulo, Paulus, 1994.
[11] Mardones, J. M. *Neoconservadurismo;* la religión del sistema. Santander, Sal Terrae, 1991; id., *Postmodernidad y neoconservadurismo;* reflexiones sobre la fe y la cultura. Estella, Verbo Divino, 1991.
[12] Weber, M. *A ética protestante e o espírito do capitalismo*. São Paulo, Pioneira, 1967.

construíram se desagregam por força de uma cultura hedonista, imediatista, que desconhece a renúncia, a laboriosidade, o sentido do bem social. Só a fé cristã, reinjetada fortemente na cultura, poderá salvá-lo.

Crer numa pessoa

A revelação cristã não se apresenta como o desvelamento e a comunicação de dados eternos e imutáveis, de verdades intemporais, por exemplo, uma nova concepção de Deus ou a idéia de caridade, nem como o desencadear de uma experiência religiosa ou a proclamação de um dogma da Igreja, mas refere-se estritamente a um acontecimento histórico concreto, mais precisamente à existência de um personagem histórico concreto. Não se pode possuir a verdade cristã independentemente desta pessoa..., pois a mensagem consiste justamente na história desta pessoa, com seu nascimento, sua vida, seu ensinamento, sua morte e sua ressurreição. A fé cristã funda sua certeza sobre os acontecimentos concretos da história. A verdade anunciada por ele consiste nesta "loucura" que Deus falou e agiu no homem Jesus Cristo (H. Zahrnt, *Aux prises avec Dieu*. La théologie protestante au XXe siècle, Paris, Cerf, 1969, p. 269s).

6. CRISTO EXISTENCIAL

Em reação a uma compreensão por demais doutrinal e historicista de Cristo, R. Bultmann, influenciado pela filosofia existencialista, afirma a centralidade da fé. Em Jesus Cristo, dá-se o acontecimento absoluto, último, escatológico, salvífico, a cuja adesão e acolhimento somos provocados. De modo especial na cruz de Cristo, Deus nos abre os olhos sobre nossa condição de pecadores e nos revela sua graça que perdoa, que nos dá a possibilidade de viver doravante dele, nele. O nosso "Sim" a esse anúncio salvífico, como Palavra de Deus, atualiza-nos a salvação, oferecida por Deus na cruz de Jesus.

Essa nossa decisão consiste em não apoiar-nos em nós mesmos, mas só contar com Deus para nossa vida, felicidade, salvação. Optamos por ser pecadores agraciados. Decisão que sempre se renova a cada dia. Radica-se numa profunda confiança em Deus. Do Jesus histórico, retém-se o fato de sua existência e morte na cruz, minimizando os outros aspectos históricos. Só este núcleo fundamental concerne radicalmente à fé. É o único substrato histórico, necessário para o evento escatológico.

Sem a profundidade de R. Bultmann, divulgou-se e hoje se tornou muito popular uma construção existencial, individualista de Cristo. Afasta-se tanto do Cristo do dogma — não se interessa por aspectos doutrinais — como do da história, para fixar-se numa figura tendenciosamente mítica de Cristo. Cristo encarna antes um sentimento sagrado, um personagem histórico significativo como símbolo de paz, de harmonia, de amor. Todas essas realidades evangélicas de Cristo são retiradas de seu contexto histórico e bafejadas com a aura pós-moderna do subjetivismo, da emoção. Haja vista a figura do Cristo *maitreya* da Nova Era.

> **Cristo na Nova Era**
>
> *A Nova Era... fala de Cristo como força cósmica, de Jesus Cristo, o de Cristo como "Instrutor mundial"... O Cristo das Igrejas cristãs deve ser substituído pelo Cristo cósmico, distinto do histórico, enquanto significa a energia que impregna tudo com sua essência e se manifesta já na efervescência dos movimentos que pressentem sua chegada. Seria também uma faísca divina interior, que o homem tem que cultivar. Esta faísca de natureza divina dá unidade última ao universo. É a energia divina que anima tudo, homem e universo...*
>
> *O Cristo histórico não tem nenhuma relevância especial e, quando se manifestar de novo, ensinará aos homens como se eles mesmos podem salvar-se...*
>
> *"O Cristo" é uma forma-chave no processo de desenvolvimento do homem e do cosmo... Cristo não seria uma figura histórica, mas sim uma idéia... Cristo designa... as grandes aspirações da humanidade* (J. C. Gil & J. A. Nistal, *"New Age"*. Una religiosidad desconcertante, Barcelona, Herder, 1994, pp. 205-207).

É um Cristo sem exigências éticas, tanto no campo da moral quanto da justiça social. É alguém que espiritualiza a vida, que dá um sentido místico à existência, que embeleza as relações entre as pessoas. É um Cristo que emigrou das igrejas para freqüentar outros ambientes. "Entra o Cristo arlequim: a personificação da festividade e fantasia, numa idade que já perdera ambas há tempo", observa H. Cox. "Agora, sim, esse Cristo, chegando em arrebiques e jatos de luz, está habilitado a tocar nossa atribulada consciência moderna, capacidade que foge às outras imagens de Cristo."[13] Posto que H. Cox dá a essa figura uma dimensão crítico-social, reflete também uma leveza em interpretar a Cristo.

7. JESUS HISTÓRICO LIBERTADOR

Sem negar a importância da doutrina correta sobre Jesus e a necessidade de um compromisso pessoal, existencial com ele, na América Latina desenvolve-se na fé cristã a dimensão de seguimento de Jesus numa perspectiva libertadora dos pobres. Em torno da prática libertadora de Jesus, gira principalmente a opção cristã. Tanto mais importante quanto mais se corre o risco atualmente de mitigá-la ou mesmo de esquecê-la.

O acesso do fiel a Jesus Cristo a fim de segui-lo depara-se com o fosso histórico que separa a ambos. Com o afã de estender uma ponte, que ligue as margens de histórias tão longínquas, o cristão cai facilmente nos dois extremos opostos. Ou ele se esquece da distância e se refugia numa leitura literal da vida de Jesus, aplicando-a, sem mais, à realidade de hoje, ou esquece-se da historicidade de Jesus, atendo-se antes à figura estandardizada de Jesus pela piedade ou doutrina corrente. Em ambos os casos, ele descura do mais importante, que é entrar no mistério do Jesus histórico e deixar-se questionar por ele.

---

[13] Cox, H. *A festa dos foliões;* um ensaio teológico sobre festividade e fantasia. Petrópolis, Vozes, 1974. p. 145.

A vocação e a realidade de Jesus são únicas, irrepetíveis, e, sob certo sentido, inimitáveis. Ele viveu num contexto social e histórico muito distante de nós, numa sociedade de relações primárias, simples, tradicionais, religiosas. Cada cristão tem uma realidade e vocação própria, também ela original, irrepetível e inimitável. Então, como seguir a Jesus? É preferível falar de seguimento a falar de imitação.

Crer em Jesus é segui-lo no contexto social em que se vive. Processo complexo. Há diversas maneiras de seguir. A Antigüidade conheceu grandes mestres a que discípulos seguiam. Na atualidade, pululam gurus que têm seus seguidores. Os orientais cultivaram e cultivam muito a pessoa do mestre que não se reduz ao campo intelectual, mas orienta toda a vida dos discípulos. A tradição da vida religiosa conhece a figura do mestre espiritual.

Os mestres excelem pela sabedoria acumulada e transmitida. O valor vem-lhes da excepcional riqueza de experiências adquiridas na vida e dignas de serem comunicadas. Somam-se em muitos casos qualidades excepcionais pedagógicas e o fascínio da pessoa. Jesus insere-se, sem dúvida, nessa tradição. Mas há algo de absolutamente original nele.

Os discípulos buscam o mestre. Jesus faz o contrário: escolhe os discípulos por meio de gestos visíveis e inequívocos. "Segue-me!" (Mt 9,9; Jo 1,43). Hoje, esse mesmo imperativo acontece no jogo das moções internas que também são a voz do Senhor. O chamado de Jesus é absolutamente incondicional. A ele se devem postergar deveres sagrados como sepultar os mortos (Mt 8,22); é exigido abandonar tudo (Mc 10,21).

A radicalidade das exigências do seguimento encontra seu último fundamento na consciência que Jesus tem de ser o Filho de Deus. Os cristãos reconhecem-no e por isso são capazes de dar sua vida por ele. Seguir a Jesus é, portanto, estar disposto a entregar a própria a vida pela pessoa e causa de Jesus. Ele é o Absoluto feito história. Nele aparece "a bondade de Deus, nosso Salvador, e seu amor para com os homens" (Tt 3,4). Vendo contra o que Cristo luta, sabemos contra o que Deus é.

Luta de Cristo

Jesus luta contra todos os males que estragam a vida e contra todas as formas de opressão que impedem a abundância da vida (Jo 10,10): contra a fome, pois alimenta famintos (Mc 6,30-44; 8,1-10); contra a doença e tristeza, pois cura os enfermos (Mt 4,24; 8,16-17); contra os males da natureza, pois acalma os ventos e as tempestades (Mt 14,32; 8,23-27); contra os demônios e maus espíritos, pois os expulsa (Mc 1,23-27; Lc 4,13), os proíbe falar (Mc 1,34) e os enfrenta na hora das trevas (Lc 22,53); contra a ignorância, pois ensina o povo (Mt 9,35) e faz com que crie consciência crítica frente à realidade e frente às suas lideranças (Mc 1,22); contra o abandono e a solidão, pois acolhe as pessoas e não as marginaliza (Mt 9,36; 11,28-30); contra o literalismo opressor, pois denuncia os fariseus e escribas legalistas que pervertem o objetivo da tradição (Mt 23,13-15); contra as leis que oprimem o homem e impedem o seu crescimento, pois coloca o homem como objetivo e fim de todas as leis (Mt 12,1-5; Mc 2,23-28); contra a opressão, pois acolhe o povo oprimido (Mt 11,28-30) e denuncia os opressores que se fazem passar por benfeitores da nação (Lc 22,25); contra o medo, pois se apresenta com a mensagem: "Não tenham medo!" (Mt 28,10; Mc 6,50) (C. Mesters, *A prática libertadora de Jesus*, Belo Horizonte, CEBI, s/d, p. 110s).

A proclamação de fé na divindade de Jesus — verdadeiramente Deus — significa, em termos de seguimento, assumir, de modo absoluto, definitivo e em todos os tempos, o seu chamado. O chamado histórico dos discípulos do tempo de Jesus se torna paradigmático para todos os outros.

Jesus vincula seu chamado ao Reino. Marcos resumiu, em poucas palavras, essa ligação estreita entre Jesus e o Reino. "Completou-se o tempo, e o Reino de Deus está próximo. Convertei-vos e crede no Evangelho" (Mc 1,15). A expressão Reino de Deus (ou dos céus) encontra-se na fonte mais antiga dos evangelhos, quase unicamente na boca de Jesus. Ela conota a dupla realidade da transcendência gratuita de Deus e o compromisso humano.

Anúncio do Reino aos pobres

Segundo a maioria dos exegetas, a mensagem de Jesus se estrutura basicamente em torno a dois pólos: a vinda iminente do Reino e o caráter radical da exigência de Deus, pedindo conversão e entrada na sua dinâmica. De um lado, está o Reino como dom escatológico, a saber, definitivo e último da salvação, oferecido gratuitamente por Deus sem mediação de nosso esforço para obtê-lo; de outro lado, a chamada insistente a pôr-se em marcha em direção ao Reino e a prepará-lo, assumindo o esforço transformador de nossa história que o Reino mesmo, simultaneamente, impulsiona, promete e supõe. De um lado, o futuro, de outro lado, o presente do Reino... A idéia da peculiar soberania de Deus que se afirma na história através do paradoxo da identificação de Yahvé com os mais fracos é não só uma constante do Antigo Testamento mas também será o tema chave, unificador da mensagem e ação de Jesus (H. Echegaray, *La práctica de Jesús*, Salamanca, Sígueme, 1982, pp. 155.157).

O significado de Reino de Deus para Jesus explicita-nos a natureza do seguimento. Ele associa a presença sobre o mal, manifestada na expulsão dos demônios e especialmente com o anúncio da Boa-Nova aos pobres (Mt 5,3; 11,5).

Seguir a Jesus significa para nós hoje refazer em nosso contexto o caminho que Jesus percorreu no seu tempo. Uma fé demasiado idealista não consegue entender como Jesus foi criando seu caminho em meio às tentações (Hb 4,15; Mt 4,1-11; Mc 14,36), aprendendo a obediência por meio de sofrimentos (Hb 5,8). Ele não viveu com um *"script"* já pronto, trazido do céu. Ia trançando os fios da trama de sua existência, ouvindo tudo o que as Escrituras lhe diziam sobre sua missão e lendo os acontecimentos que se interpunham. Desse jogo descobria a vontade de Deus Pai, não sem hesitações, mudanças importantes. Os evangelhos nos assinalam muitas passagens em que Jesus mudou de opinião a respeito de seu trato com os não judeus (Mc 7,24-30), dos planos de ir a Jerusalém (Lc 9,51) depois de um tempo em que se escondera (Mt 4,12; 12,15; 14,13; 15,21).

Nesse processo, Jesus ensina-nos elementos fundamentais para o seguimento em outro contexto. Há um "antes" no seguimento de Jesus. São os valores do Reino: vida, solidariedade, opção pelos pobres, justiça, misericórdia, perdão dos inimigos, liberdade nascida do amor a Deus e ao irmão, a supremacia do ser humano sobre a lei (o sábado) etc. Aí estão as bem-aventuranças, as parábolas do Reino, a prática de Jesus para confirmá-lo. Por mais realista que esse "antes" seja, ele é geral, abstrato, universal. O concreto é-nos oferecido pelo momento histórico em que vivemos. Desse confronto, nasce o seguimento real de Jesus.

Sem o "antes", cairemos num puro subjetivismo sentimental. Sem o confronto com a realidade, ficaremos numa doutrina vazia. Do encontro de ambos, surge o real seguimento. Crer em Jesus, portanto, é segui-lo nos diversos contextos sociais, levando em consideração o antes de sua vida, de suas palavras, dos valores do Reino. É uma fé sempre em transformação, sempre nova. A novidade lhe é dada pela situação que reinterpreta os dados bíblicos.

O seguimento de Jesus encontra sua última luz na mística do próprio Jesus. Esta nasce de sua profunda intimidade com o Pai. Daí Jesus arranca toda a sua força de doação num ministério exaustivo até a doação de si na cruz. Nós somente o seguiremos participando da mesma intimidade. Ele no-lo permite, ao não querer que sejamos servos, mas seus amigos (Jo 15,15). Sendo amigos de Jesus, vivemos da intimidade do Pai. "Filipe, quem me vê, vê o Pai" (Jo 14,9). E ainda poderia ter acrescentado: "Filipe, quem me vê, vê o Espírito Santo". Essa intimidade trinitária alimenta todo seguimento de Jesus.

ORAÇÃO

Senhor Jesus Cristo, Filho de Deus vivo,
Bom Pastor e Irmão nosso,
nossa única opção é por Ti.
Unidos no amor e na esperança
sob a proteção de Nossa Senhora de Guadalupe,
Estrela da Evangelização, pedimos o teu Espírito.
Dá-nos a graça,
em continuidade com Medellín e Puebla,
de nos empenhar numa Nova Evangelização,
à qual todos somos chamados,
com o especial protagonismo dos leigos,
particularmente dos jovens,
comprometendo-se numa educação contínua da fé,
celebrando teu louvor,
e anunciando-te para além das nossas próprias fronteiras,
numa Igreja decididamente missionária.
Aumenta nossas vocações para que não faltem operários na tua messe.
Anima-nos a nos comprometer
numa promoção do povo latino-americano e caribenho,
a partir de uma evangélica e renovada

*opção preferencial pelos pobres
e a serviço da vida e da família.
Ajuda-nos a trabalhar
por uma evangelização inculturada
que penetre os ambientes de nossas cidades,
que se encarne nas culturas indígenas e afro-americanas
por meio de uma eficaz ação educativa
e de uma moderna comunicação. Amém.
(Conclusões de Santo Domingo, n. 303)*

Resumindo

• *Cristo interior como mestre dos corações, distante do Jesus profeta de Nazaré. Em pólo oposto, está o esforço. A nossa fé é eclesial, mas não eclesiástica. O seu centro não é a Igreja, mas Jesus Cristo. Por isso, é eminentemente cristã. Em Jesus se crê, seguindo-o. Assim foi desde o início até hoje. Só se segue conhecendo e amando. Os discípulos puseram-se logo no caminho do conhecimento e do amor a Cristo. Cristo apareceu dentro do povo e religião judaicos.*

• *Um primeiro esforço dos discípulos foi situar Jesus no judaísmo numa linha de continuidade e de novidade. Os mesmos títulos bíblicos de Messias, Filho de Davi, Profeta, Servo de Javé, Filho do Homem serviram para manter não só a inserção de Jesus nas raízes judaicas, mas também sua novidade, ao dar-lhe um toque único e original. Mas será o título de Filho que concentrará a novidade neotestamentária de Jesus. Por sua vez, os evangelistas e Paulo traçarão para suas comunidades o núcleo novo da fé em Jesus.*

• *As ondas seguintes vão acentuar a fé ora na divindade de Jesus, ora na humanidade. No século V, a Igreja conseguiu uma fórmula de equilíbrio, afirmando com a mesma determinação a divindade como a humanidade de Jesus.*

• *Os tempos mudaram. A fé em Jesus não é mais um dado cultural. Daí a preocupação pastoral de voltar a uma nova catequese doutrinal. Trata-se de oferecer mais conteúdo sobre Jesus para alimentar a fé do cristão médio. Há quem se aproveite da fé cristã para poder dar suporte ideológico ao sistema capitalista nesse momento de crise.*

• *Entretanto, a pergunta mais importante parece ser: que significa crer em Jesus hoje? A resposta se faz na linha do seguimento. Uma tendência carrega a tônica existencial, valorizando o ato de entrega ao Absoluto de Deus revelado em Jesus, sobretudo no ato mesmo de sua morte. Há também uma tentativa de apresentar um Cristo interior como Mestre dos corações, distante do Jesus profeta de Nazaré. Em pólo oposto, está o esforço dos cristãos da América Latina de exprimir sua fé no seguimento do Jesus num compromisso com a libertação dos pobres. Segue-se a Jesus crucificado ao lado dos crucificados do mundo na percepção da profunda vinculação entre ambos.*

Aprofundando

Crer é seguir a Jesus. Esse seguimento implica a complexidade de nosso ser. Por isso nossa fé se exprime em diferentes dimensões. Ela é sobretudo histórica. E essa história chegou a nós por meio de uma Tradição que encontrou sua configuração escrita nos livros sagrados. A nossa religião é do livro. Que implicações tem isso para a nossa fé?

Perguntas para reflexão e partilha

1. Por que é apenas no seguimento de Jesus que a fé cristã encontra sua verdadeira expressão?

2. Até onde a dimensão cristológica tem sido central na vivência da minha fé?

3. Olhando o clima religioso difuso da situação presente, como anunciar a figura histórica e profética de Jesus?

Bibliografia complementar

GONZÁLEZ FAUS, J. I. *Acesso a Jesus;* ensaio de teologia narrativa. São Paulo, Loyola, 1981.

MESTERS, Carlos. *Com Jesus na contramão*. São Paulo, Paulinas, 1995.

Capítulo sétimo

ESCRITURA E TRADIÇÃO

A Bíblia não caiu pronta do céu.
Ela surgiu da terra, da vida do povo de Deus.
C. Mesters

I. ESCRITURA

1. NECESSIDADE DA ESCRITURA

A fé cristã é fundamentalmente adesão à pessoa Jesus. Nosso acesso a ele se faz privilegiadamente pelas Escrituras. Se tudo ficasse na palavra pregada, valeria da Revelação o que diz o provérbio: "As palavras voam, os escritos permanecem". A verdade sociológica e antropológica dessa máxima vale também para as palavras reveladas. Teriam voado, se não tivessem sido escritas.

A comunidade necessita do escrito para perpetuar-se ou, pelo menos, para deixar para os pósteros suas descobertas, intuições, riquezas culturais. A fluidez dos relatos orais adquirem consistência quando escritos. Essa realidade humana torna-se a base para que Deus realize seu projeto salvífico universal.

Olhando da parte de Deus, a Escritura constitui-se instrumento imprescindível para a perpetuação de sua Revelação. Dessa maneira, ela fez parte, constitutivamente, da Revelação. Sem a Escritura, não teríamos hoje acesso à Revelação de Deus feita no passado. Poderíamos ir vivendo a cada momento na ausculta dos toques da graça. Teríamos enorme dificuldade de discerni-los, por nos faltarem matrizes de interpretação, acontecidas no passado. O puro presentismo da Revelação tornaria ainda mais difícil a percepção da ação de Deus.

A Escritura é a Revelação fundante, constitutiva, básica que oferece critérios para interpretar, ao longo da história, as possíveis ações de Deus. Toda outra Revelação, se se quiser esse nome, será dependente, interpretativa em relação à Escritura. Dela recebe a chave hermenêutica com que poderá abrir os sentidos da ação de Deus.

Vivemos numa história humana em que jogam as liberdades humana e divina, ações feitas por inspiração e ajuda de Deus e ações contra Deus, praticadas por uma criatura rebelde e pecadora. Essa polaridade de Deus e autonomia humana, de ações de graça e de pecado, de luz e trevas, deixaria-nos numa impossibilidade de discernir com clareza os agentes, se não houvesse uma Palavra de Deus, autêntica, fidedigna, como critério de juízo.

Para distinguir toda ação real ou pretendidamente de Deus, a Escritura é a *"norma normans"*, isto é, aquela norma que serve de norma para todas as outras. É em confronto com ela que o cristão elabora seus juízos de fé sobre a presença de Deus na sua vida e na história.

Toda interpretação da Revelação se faz a partir da Escritura. Cabe recorrer sempre a ela. E, quanto mais a fé se distancia da Escritura, mais risco corre de equivocar-se. Em qualquer dúvida, em todo momento de perplexidade, exige-se uma volta às fontes. Por isso, tanto a fé quanto a teologia têm como programa permanente um recurso contínuo à Escritura.

2. INSPIRAÇÃO E ESCRITURA

Só há Escritura porque alguém escreveu. Nem sempre foi aquele mesmo que percebeu a experiência de Deus, que a testemunhou para a comunidade e foi por ela reconhecido. Aí aconteceu a Revelação. Outro ou ele mesmo, mas já por uma graça diferente de Deus, foi movido a consignar por escrito essa experiência. Esse dom dado a uma pessoa para escrever a Revelação em vista do bem da comunidade chama-se inspiração escriturística.

De novo, é um dom que vem de Deus — graça — mas que se insere na própria estrutura humana. A inspiração é fenômeno que afeta todas as culturas e gerações. Tem uma dimensão especificamente humana que se exprime sob forma artística: musical, poética, escultórica etc. A inspiração bíblica tem formas específicas: profética e escriturística. Os judeus consideravam a Bíblia como Palavra de Deus e seus autores como inspirados. Essa fé passou tranqüilamente para os homens do Novo Testamento.

Inspiração e testemunhos bíblicos

S. Paulo escreve a Timóteo: "Desde a infância conheces as Sagradas Escrituras e sabes que podem instruir-te para a salvação pela fé em Cristo Jesus. Pois toda Escritura é divinamente inspirada e útil para ensinar, para repreender, para corrigir, para educar na justiça, a fim de que o homem de Deus seja perfeito e capacitado para toda boa obra" (2Tm 3,15-17). S. Pedro também reflete tal fé: "Pois, antes de tudo, deveis saber que nenhuma profecia da Escritura é de interpretação pessoal, porque jamais uma profecia se proferiu por vontade humana, mas foi pelo impulso do Espírito Santo que homens falaram da parte de Deus" (2Pd 1, 20-21). E o próprio Jesus, como bom judeu, cita a Escritura com a tranqüila consciência de quem a considera escritura de Deus (Mt 4,4-10; 21,13; Lc 19,46).

O dado da inspiração pertence indubitavelmente à tradição de fé da Igreja, que, nas pegadas do Novo Testamento, é testificada por muitos

---

[1] São Clemente Romano. *Epistula ad Corinthios*, I, 55, 2.

Santos Padres e Concílios. S. Clemente Romano escrevendo aos coríntios diz que as Escrituras são dadas pelo Espírito Santo.[1] S. Justino compara os escritores bíblicos à cítara ou à lira tocada pelo arco divino do Espírito Santo.[2] O único Espírito de Deus soprou os profetas e os evangelistas.[3] As Escrituras são perfeitas, porque ditadas pelo Verbo de Deus e seu Espírito,[4] proferidas "pela boca de Deus, o Espírito Santo."[5] E poder-se-iam multiplicar os testemunhos. Resumindo toda essa doutrina da fé da Igreja, o Concílio Vaticano II, na seqüência dos Concílio Florentino e Vaticano I, afirma lapidarmente: "As coisas divinamente reveladas, que se encerram por escrito e se manifestam na Sagrada Escritura, foram consignadas sob inspiração do Espírito Santo".[6]

Deus e a Escritura

Pelo fato de Deus, por vontade absoluta, formalmente predefinitória, histórico-salvífica e escatológica, querer e realizar a Igreja e seus elementos constitutivos, segue-se que Ele quer e realiza também a Sagrada Escritura, como sua causa inspiradora, ou seja, como seu Autor... A autoria ativa, inspiradora, da parte de Deus, é um momento interno da fundação da Igreja primitiva como tal, sendo essa característica uma propriedade sua. Deus quer a Escritura e quer a Si mesmo como seu Autor (K. Rahner, *Sobre a inspiração bíblica*, São Paulo, Herder, 1967, p. 52).

3. CANONICIDADE DOS LIVROS INSPIRADOS

Estes livros inspirados formam uma coleção oficial (cânon), um corpo de livros considerados sagrados claramente distintos e separados de outros livros e tradições. Tal caráter lhes advém pela recepção que a Igreja faz deles nessa qualidade de livros sagrados, inspirados e tendo a Deus como autor.

A comunidade primitiva foi criando sua consciência eclesial e foi reconhecendo-se expressa em determinados livros, enquanto, em outros, não. Por esse processo, ela foi criando o cânon, a saber, o elenco dos livros que ela assume como inspirados e lhe fornecem critério autêntico para a sua fé e sua maneira de agir.

Através de um processo conflituoso, com oscilações, a Igreja primitiva unifica os livros sagrados como testamentos próprios, separando-se gradualmente da religião judaica. A unidade do cânon é reflexo da unidade da consciência da comunidade primitiva que se vê retratada objetivamente nele.

---

[2] São Justino. *Coh. ad Graecos*, 8.
[3] São Teófilo de Antioquia. *Ad Autolycum* 3, 12.
[4] Santo Irineu. *Adv. Haer.* 2, 28, 2; Santo Hipólito. *Contra Artemonem*: apud *Eus. Hist. Eccl.* 5, 28.
[5] São Clemente de Alexandria. *Protepticus* 9, 82, 1.
[6] Concílio Vaticano II. *Dei Verbum*, n. 11.

Assim como a inspiração para consignar por escrito a palavra de Deus como elemento fundamental e constitutivo da Igreja pertence ao projeto salvífico de Deus, assim também o fato de a Igreja reconhecer em tais livros sua norma faz parte desse mesmo projeto.[7] A canonicidade pressupõe a inspiração. A Igreja não pode considerar inspirado a não ser aquilo que realmente o tenha sido. E, por sua vez, a inspiração fica patente quando a Igreja reconhece os livros inspirados, proclamando sua canonicidade.

O cânon se conclui com a geração apostólica. Este fato de o cânon ser fechado e concluído não só quer exprimir o caráter histórico e constituinte da Igreja apostólica com o conseqüente carisma da inspiração, mas também permite ao mesmo cânon cumprir a função normativa para a fé e a prática cristãs, excluindo escritos heterodoxos.[8]

"O cânon constitui a objetivação da consciência eclesial, não em sentido meramente teórico, mas enquanto tende a refletir a inteira experiência da nova comunidade na nova situação."[9]

De fato, é a Igreja que "decide quais livros entrarão no cânon como portadores de revelação... pois com isso fixa a si mesma sua norma insuperável. A Igreja se reconhece no cânon que ela mesma produz".[10] Por isso, diz o Concílio Vaticano II que:

"Pela mesma Tradição torna-se conhecido à Igreja o Cânon completo dos livros sagrados."[11]

4. A VERDADE NA ESCRITURA

A Escritura é um conjunto de livros em que autores inspirados consignam a Revelação e, como tal, são acolhidos pela Igreja. Ela abarca livros dos mais diversos gêneros literários, redigidos num arco enorme de séculos, com uma natureza própria. Qual é a natureza da verdade desses livros?

a) Surgimento da questão

A problemática da verdade se levantou sobretudo quando, por meio do avanço dos estudos históricos e científicos, percebeu-se que na Escritura

---

[7] "A questão da constituição do Cânon é, portanto, uma questão de vida ou morte... Segundo a livre, mas realmente perceptível vontade de Deus, também a Sagrada Escritura se arrola entre os elementos constitutivos da Igreja primitiva, não obstante a precedência da Parádosis (tradição), que, sendo oral, autoritativa e mesmo infalível, é anterior à Sagrada Escritura. Temos, então: 1) a Sagrada Escritura; 2) a Sagrada Escritura como livro essencial da Igreja e, portanto, só reconhecível como Escritura Sagrada através dela, confiada a ela, destinada a ser interpretada definitivamente por ela e, enfim, só atualizável, no que tange à sua essência, pela ação da mesma Igreja. Segue-se que a Escritura pertence ao ser concreto e à completa estrutura da Igreja. Vale dizer: pertence à sua constituição." In: RAHNER, K. *Sobre a inspiração bíblica*. Freiburg, Herder, 1967. pp. 49-50.
[8] O'COLLINS, G. *Teologia fundamental*. São Paulo, Loyola, 1991. p. 295s.
[9] TORRES QUEIRUGA, A. *A Revelação de Deus na realização humana*. São Paulo, Paulus, 1995. p. 360.
[10] Id., ibid., p. 361.
[11] CONCÍLIO VATICANO II, *Dei Verbum*, n. 8.

havia uma série de lacunas, imperfeições, inexatidões histórico-geográficas e erros de diversas naturezas. Como conciliar tais deficiências com a dupla verdade da autoria divina dos livros e da inspiração dos hagiógrafos?

b) Soluções artificiosas

Já não satisfaz a posição tradicional de querer ir resolvendo cada objeção com concordismos e malabarismos exegéticos, mostrando que se trata de contradições aparentes. Ficou clássica a obra "A Bíblia tinha razão".[12]

c) Concílio Vaticano II

O Concílio desloca a perspectiva da inerrância para uma reflexão sobre a natureza da verdade da Escritura. Estabelece que as verdades na Escritura têm finalidade salvífica.

Verdade na Escritura

Portanto, já que tudo o que os autores inspirados ou os hagiógrafos afirmam deve ser tido como afirmado pelo Espírito Santo, deve-se professar que os livros da Escritura ensinam com certeza, fielmente e sem erro a verdade que Deus, em vista da nossa salvação, quis fosse consignada nas Sagradas Escrituras.[13]

A partir da perspectiva salvífica, deve-se entender os ensinamentos bíblicos. A verdade na Bíblia está sempre ordenada, orientada, dirigida à nossa salvação.[14] A verdade da Escritura e a da revelação são da mesma ordem, natureza, por causa de nossa salvação. Não se trata de distinguir o objeto material do ensinamento, como se houvesse coisas salvíficas e coisas não-salvíficas. Tudo na Escritura se entende na perspectiva da salvação.[15]

d) Verdade e aparência de verdade

Alguns autores usam uma distinção que pode ajudar a entender a perspectiva salvífica das verdades na Escritura. Chamam de "aparência de verdade" a afirmação tal qual soa na sua materialidade, e de "verdade" o sentido que ela tem segundo o juízo que o hagiógrafo fez em ordem à salvação. Assim, a criação do mundo em sete dias é uma "aparência de verdade", enquanto o sentido teológico da criação como obra boa de Deus é a verdade.

---

[12] Keller, W. *Und die Bibel hat doch recht;* Forscher beweisen die historische Wahrheit. Düsseldorf/Wien, Econverlag, 1955; id. *Überarbeitete und erweiterte Neuausgabe.* Reinbek b/Hamburg, Rowohlt, 1989; [ed. bras.: São Paulo, Melhoramentos, 1992].

[13] P. Grelot formula esse princípio nos seguintes termos: "Na Escritura não há, portanto, verdade divinamente garantida, a não ser nos pontos que se refiram a tal objeto, e, por conseguinte, fora deles, não há ensinamento positivo que exija de nossa parte uma adesão de fé". In: Grelot, P. La verità della sacra Scrittura. In: Potterie I. de la (org.) *La veritá della Bibbia nel dibattito attuale.* Brescia, Queriniana, 1968. p. 99.

[14] Concílio Vaticano II, Constituição dogmática *Dei Verbum,* n. 11.

[15] Cf.: Cipriani, S. La verità della sacra Scrittura nell'insegnamento del Concilio Vaticano II. In: Potterie, I. de la. op. cit. pp. 265-278.

e) Caráter progressivo

A Escritura faz uma totalidade. E as verdades foram sendo reveladas dentro de um processo histórico de tal maneira que elas vão se clarificando e se aperfeiçoando ao longo da história do povo. Não se pode ater a um determinado momento como se fossem verdades estanques. O próprio Novo Testamento corrige e aperfeiçoa as etapas imperfeitas anteriores. Tem-se, por exemplo, o caso do divórcio permitido por Moisés como um progresso em relação à situação anterior, mas que Jesus corrige numa perspectiva ainda mais perfeita de igualdade entre o homem e a mulher.

f) Perspectiva do autor

Pio XII, na Encíclica *Divino afflante Spiritu*, chama a atenção para a importância de investigar "o caráter e condição de vida do escritor sagrado, em que idade floresceu, que fontes utilizou tanto escritas como orais e que forma de dizer usou" para "conhecer mais plenamente quem foi o hagiógrafo e que quis significar ao escrever".[16] O mesmo vale das formas literárias usadas. Seu conhecimento permite captar o sentido querido pelo redator.

g) Graus de historicidade

O conceito de história dos livros bíblicos não é o mesmo que o nosso. Por isso, não se podem entender as afirmações da Escritura com nossos critérios historiográficos modernos. Entre a concepção moderna de história e a pura lenda ou mito, está a historicidade bíblica. Além disso, deve-se distinguir quando o hagiógrafo faz uma afirmação histórica com a garantia da inspiração ou quando cita uma outra fonte, cujo valor histórico depende da historicidade da fonte citada. O autor bíblico lê a história e faz seus juízos e afirmações sob o ângulo da relação entre Deus e os homens na perspectiva histórico-salvífica.[17] Também não se pode esquecer que ora o redator faz um juízo histórico, ora aventa uma conjetura. O grau de verdade é diferente.

h) Sentido pleno

Além do sentido literal, que hoje não tem a mesma concepção fixista tradicional, mas é fruto de uma interpretação segundo os critérios crítico-históricos, fala-se de "sentido pleno". Este vai para além do sentido expresso num primeiro momento pelo redator.

"O 'sentido pleno' é aquele que, alargando o sentido literal suposto estudado, situa cada texto ou cada livro na Bíblia inteira, enquanto ela, como conjunto, comporta um sentido".[18]

---

[16] GRELOT, P. op. cit., p. 99.
[17] *DS*, 3829.
[18] "Assim a história humana torna-se verdadeiramente uma história sagrada e, precisamente como história sagrada, torna-se objeto do ensinamento da Bíblia." In: GRELOT, P. op. cit., p. 118.

O sentido pleno recolhe, de certo modo, o percurso completo das interpretações sofridas ao longo da Escritura até a sua luz última em Cristo. É o sentido mais próximo do sentido teológico do texto. Para estabelecê-lo há critérios.

Sentido pleno

Não basta a razão para descobrir todo o sentido da Bíblia. "A Sagrada Escritura também deve ser lida e interpretada naquele mesmo Espírito em que foi escrita" (Concílio Vaticano II, Dei Verbum, n. 12). Para alcançar esse objetivo, é necessário levar em conta os critérios próprios da fé cristã, que são três: "Atender com diligência ao conteúdo e à unidade de toda a Escritura, levada em conta a Tradição viva da Igreja toda e a analogia da fé" (Dei Verbum, n. 12). Os três têm o mesmo objetivo: descobrir o sentido pleno da Bíblia, impedir que o seu sentido seja manipulado e evitar que o texto seja isolado do seu contexto e da tradição que o gerou e transmite (C. Mesters, O projeto "Palavra-Vida" e a leitura fiel da Bíblia de acordo com a Tradição e o Magistério da Igreja, in REB 49 [1989], p. 669).

Tal criteriologia implica que se levem também em consideração os dados da realidade, quer do universo do redator — algo hoje pacífico e muito trabalhado pela exegese européia —, quer da comunidade de fé que lê hoje na sua realidade esse texto. Esse aspecto é mais considerado pela exegese latino-americana e é a riqueza dos nossos círculos bíblicos. Estes captam o sentido pleno ao lerem um texto num contexto eclesial concreto (comunidade de fé) e num pré-texto (contexto sociopolítico da comunidade).[19]

Ao referir-se aos dados da realidade, a exegese latino-americana entende-os sempre na perspectiva da libertação dos pobres. É no contexto popular das comunidades eclesiais de base, empenhadas na luta de libertação, que floresce essa leitura militante da Bíblia.

Resumindo

• *A fé cristã tem uma necessária marca histórica. Há um único projeto salvador de Deus. Os seres humanos vão captando-o dentro de seus limites humanos, históricos. Deus quis os elementos fundamentais para a comunidade eclesial perseverar ao longo da história. A Escritura como regra de sua fé e vida está incluída nesse desígnio, ao escolher um povo e comunidade que conheciam a escrita. Ela suscita homens dessa comunidade pelo carisma da inspiração para que consignem por escrito essa experiência em livros. Estes, lidos numa unidade com os do povo de Israel, constituem uma totalidade. E a comunidade que escreveu tais livros reconhece neles sua fé e os assume como seus livros normativos (cânon). Doravante eles serão, para as gerações seguintes, norma de fé e vida.*

---

[19] BEAUCHAMP, P. Théologie Biblique. In: LAURET, B. & REFOULÉ, F. *Initiation à la pratique de la théologie*. París, Cerf, 1982. I: *Introduction*, p. 200.

• Os livros sagrados, a inspiração que levou redatores a consignar por escrito a revelação, a canonicidade que define os livros autênticos são, no fundo, realizações concretas do projeto salvífico de Deus, que passa pela colaboração dos homens e que também sofre por suas limitações. A última garantia da verdade de todo esse processo é a própria presença atuante de Deus Pai pela ação do Filho e do Espírito Santo. Fora do horizonte da salvação oferecida a toda humanidade e significada pela Igreja, não se entendem nem a Escritura, nem a Inspiração, nem a canonicidade.

Aprofundando

Sabemos que todo livro pode facilmente tornar-se letra morta ou disputa de grupos fundamentalistas que procuram congelar-lhe os sentidos. As Sagradas Escrituras não estão isentas desse duplo perigo. Elas só serão vivas se lidas dentro da Tradição da Igreja, de onde nasceram e de que fazem parte constitutiva. Cabe, portanto, perguntar-nos pela relação entre as Sagradas Escrituras e a Tradição, e tanto mais importante é a pergunta conforme outras grandes tradições religiosas sobem ao palco de nosso cotidiano religioso.

Perguntas para reflexão e partilha

1. Por que a Escritura pertence ao desígnio de Deus para a continuidade da Igreja na história?

2. Como evitar na leitura da Escritura os dois extremos: leitura ao pé da letra e torcer o sentido em meu interesse?

3. Como desenvolver uma pastoral em que a Escritura tenha o seu papel de centralidade?

Bibliografia complementar

MANUCCI, V. *Bíblia;* Palavra de Deus. Curso de introdução à Sagrada Escritura. São Paulo, Paulinas, 1986.

PONTIFÍCIA COMISSÃO BÍBLICA. *Interpretação da Bíblia na Igreja.* São Paulo, Paulinas, 1993.

II. A TRADIÇÃO

A Revelação de Deus chegou até nós pelas Escrituras. Nelas Deus se manifestou em "ações e palavras" até atingir a sua plenitude em seu Filho Jesus. Em torno de Jesus se constituiu uma comunidade de fé. Esta leva à frente sua mensagem, celebra sua memória na certeza de que ele se faz presente a ela em cada celebração. Mais: organizou-se em sinal de fidelidade ao desejo de continuidade do próprio Jesus, e foi elaborando os seus textos fundantes e assumindo os livros da Tradição judaica. Dessa maneira, criou seu cânon de livros sagrados.

Os livros são letra. Ela aprendeu de Jesus a importância do espírito para ler os textos. São Paulo refletiu profundamente sobre a relação da letra e do espírito. *Compara* o ministério da Antiga Lei com a letra, e o da Nova com o Espírito. "Ele é que nos capacitou como ministros da Nova Aliança, não da letra, mas do Espírito" (2Cor 3,6). E, logo em seguida, acrescenta a contundente afirmação: "Pois a letra mata e o Espírito dá vida". "Vivemos na ordem do Espírito e somos chamados a servir em espírito novo e não na letra velha" (Rm 7,6).

A maneira como a letra da Escritura permanece "espírito", "vida" está em ser transmitida, lida, interpretada, experimentada dentro da Tradição da Igreja. Estabelece-se assim uma relação única entre ambas, de modo que se supera definitivamente uma divisão que dominou as relações entre católicos e protestantes.

Hoje o problema se amplia para além do entendimento ecumênico. Outras religiões reivindicam para si a existência de Tradições e Textos Sagrados, contendo revelações e que não foram escritos sem a ação do Espírito de Deus. É no interior da problemática das grandes Tradições religiosas e seus textos que a temática da Tradição cristã hoje se coloca.

Tradição: lei antropológica

Ninguém pode tornar-se sujeito fora da linguagem ou da cultura; linguagem e cultura que chegam a cada um na particularidade de uma língua materna e de um sistema determinado de valores, portanto de uma "tradição", que se constitui ela mesma pelas diversas "tradições" (religiosas, éticas, políticas, de vestuário, de culinária...) próprias do grupo ao qual se pertence. Está aí uma lei antropológica geral (L. M. Chavet, La notion de "tradition", in *La Maison-Dieu* 178 [1989]7).

1. NECESSIDADE HUMANA

Acostumados que estávamos a considerar o mundo sobrenatural da graça, da Revelação, da Salvação distinto e separado de nossa realidade humana, começávamos as reflexões teológicas partindo dos dados advindos de fora de nossa vida humana. Quanto mais eles contrastavam com ela, tanto maior credibilidade teológica gozavam.

O esquema clássico, mesmo renovado depois do Concílio Vaticano II, iniciava a reflexão de um tema teológico com a Escritura, percorria os ensinamentos dos Santos Padres, dos Concílios, dos grandes teólogos medievais para terminar com os da atualidade. Ficava-se sempre com a impressão de uma trajetória absolutamente autônoma, à margem das outras realidades humanas.

No entanto, a partir de uma compreensão mais integrada de toda a realidade podem-se ver nas estruturas da salvação, na configuração da Revelação, realidades humanas universais que são assumidas no projeto salvífico de Deus. No fundo, encontramo-nos com o ensinamento tão tradicional de Santo Tomás de que a graça assume e aperfeiçoa a natureza. Isso era visto numa compreensão estática e da natureza, mas pode, contudo, ser ampliado para realidades históricas.

A Tradição da Igreja e na Igreja participa da necessidade antropológica que toda cultura tem de viver *de* e *em* uma tradição. Nenhuma geração começa tudo de novo, mas recebe das anteriores um patrimônio cultural. Pertence à natureza social e histórica do ser humano constituir-se sujeito dentro de uma linguagem, cultura, língua, sistema de relações que o antecedem e que ele recebe como tradição. Nenhum gesto, nenhuma palavra humana pode ser entendida fora de um quadro de significado já dado e transmitido. Só se pode viver dentro de uma tradição cultural. Ela alimenta, possibilita a convivência humana. Ao entrelaçar as suas relações com os demais, as pessoas criam quadros de referência e, dentro deles, seus gestos são interpretados.

Os seres humanos criam tradições e as tradições os criam. Essa mútua causalidade explica tanto a inteligibilidade da existência humana quanto sua criatividade e imprevisibilidade. Enquanto a tradição nos precede, continuamos, perpetuamos as experiências de outros. Enquanto criamos a tradição, inserimos nela elementos novos, fazemo-la progredir ou mesmo regredir. Em todo caso, transformamos a tradição. A tradição não se opõe ao progresso, já que ela está sendo sempre criada. Ela garante certa estabilidade à cultura, uma vez que nela a linguagem, os símbolos, os signos se tornam inteligíveis.

Nenhuma realidade humana escapa da tradição. Se a cada momento a existência humana fosse início absoluto, a convivência seria impossível. Não saberíamos como nos relacionar. Se a tradição, por sua vez, permanecesse imutável, não haveria progresso, desenvolvimento, transformações. Essa é a tensão interna de toda tradição humana.

Essa experiência faz-nos ver um duplo sentido de tradição. Significa, antes de tudo, o processo mesmo de transmissão. É a tradição ativa. Processo vivo, sempre em movimento e em mudança. Dentro da tradição, existe a novidade, pois todos os que exteriorizam e objetivam a tradição, pois interiorizaram-na antes. Tanto no ato de interiorizar a tradição recebida como no de exteriorizá-la, os sujeitos inevitavelmente inserem mudanças ora imperceptíveis, ora radicais. Por isso, a tradição é também mudança e não mera transmissão.

Tradição e, freqüentemente no plural, tradições são as coisas transmitidas. Trata-se da tradição passiva; do conteúdo do que se transmite. Nesse momento, a atenção se volta antes para a continuidade do transmitido. Do contrário, seria inovação.

Tradição e Padres da Igreja

"S. Policarpo, diz Santo Irineu, ensinou somente o que ele aprendeu dos apóstolos, o que a Igreja transmitiu e o que é unicamente verdadeiro" (Ad. Haer. III,3,4). "O Mestre de todas as coisas deu a seus apóstolos o poder de pregar o Evangelho. É por meio deles que conhecemos a verdade, isto é, o ensino do Filho de Deus. Foi a eles que o Senhor disse: 'quem vos ouve, a mim ouve; quem vos despreza, a mim despreza e despreza aquele que me enviou' (Lc 10,16). Com efeito, não tivemos conhecimento da economia de nossa salvação por outros que não os pregadores do Evangelho. Este Evangelho, que eles primeiramente pregaram, depois, pela vontade de Deus, eles nos transmitiram em Escrituras a fim de se tornar 'o fundamento e a coluna' (1Tm 3,15) de nossa fé... Quando então passamos a apelar para a tradição que vem dos apóstolos e se conserva nas igrejas pelas sucessões dos presbíteros, (os hereges) opõem-se à tradição" (Santo Irineu, Adv. Haer. III, 1,1-2).

"Temos como garantia mais que suficiente da verdade de nosso ensinamento a tradição, isto é, a verdade vinda até nós desde os apóstolos, por sucessão, como uma herança" (S. Gregório de Nissa). "Devemos munir-nos de uma dupla proteção, primeiro a autoridade da lei divina, em seguida a tradição da Igreja Católica". "Ela é o que se retém como de fé em todos os lugares, sempre e por todos" (S. Vicente de Lérins) (ver em Y. Congar, La tradition et les traditions, Paris, Arthème Fayard, 1960, p. 58ss).

2. A TRADIÇÃO NA IGREJA CATÓLICA

A Igreja, antropológica e sociologicamente falando, vive a mesma tensão da tradição. O que se diz da tradição humana vale para a Igreja. As diferenças correm por conta da natureza específica da Igreja como corpo social com suas instâncias de controle da tradição e como obra do Espírito Santo.

A maneira como as tradições humanas se constituem, se transmitem não é absolutamente idêntica à da Igreja, já que os sujeitos sociais das tradições têm funções diferentes. Na Igreja, existe o corpo todo que transmite. Nisso, equivale à tradição cultural. Nesse corpo, existe a instância do magistério que goza de um nível de autenticidade, garantida por uma graça de Deus, que não encontra correspondência nas tradições humanas. Entretanto, a maior diferença vem da presença do Espírito com a garantia última da fidelidade à verdade da tradição, como se verá mais adiante.

Na linguagem teológica, o conceito Tradição recebeu muitos significados. Por isso, o leitor não especializado deve prestar atenção para perceber em que sentido o autor emprega a palavra. A última intervenção solene da Igreja Católica foi o Concílio Vaticano II. Ele propõe-nos um conceito. Parte do projeto revelador de Deus. Ele dispôs que "aquelas coisas que revelara para a salvação de todos os povos permanecessem íntegras e fossem transmitidas a todas as gerações". Jesus, em quem se consuma tal projeto, ordenou aos apóstolos que pregassem o Evangelho, prometido pelos profetas e completado por ele, a todas as gentes. Os apóstolos o fizeram na pregação oral, por exemplos e instituições. E, juntamente com varões apostólicos, sob a inspiração do Espírito Santo, redigiram o Novo Testamento. Esses livros inspirados conservam de modo especial a pregação apostólica. "O que foi transmitido pelos Apóstolos" — aqui está o conceito mais explícito de Tradição — "compreende todas aquelas coisas que contribuem para santamente conduzir a vida e fazer crescer a fé do Povo de Deus, e, assim, a Igreja, em sua doutrina, vida e culto, perpetua e transmite a todas as gerações tudo o que ela é, tudo em que ela crê."[20]

É, portanto, um conceito muito amplo: tudo o que a Igreja é em tudo em que ela crê em virtude da pregação apostólica. É a pregação apostólica, fundamentalmente consubstanciada nas Escrituras, vivida pela Igreja na sua fé. A Igreja valoriza nessa Tradição o testemunho dos Santos Padres, a liturgia, o magistério ordinário e extraordinário, o ensinamento dos Concílios, a fé simples dos fiéis, a reflexão teológica.

O Concílio Vaticano II teve cuidado de marcar a relação da Tradição com a Escritura, procurando evitar os dois extremos de *"Sola scriptura"* dos protestantes e o das "duas fontes".

3. RELAÇÃO ENTRE ESCRITURA E TRADIÇÃO

Com efeito, a Tradição foi pomo de discórdia em relação à maneira como os protestantes entendiam a suficiência da Escritura no interior da totalidade da Revelação. Nada existe de revelado por Deus fora da Escritura. Entretanto, a posição que encontrou em Trento sua configuração dogmática e, por isso, seu apoio definitivo, afirmava que havia verdades reveladas que nos chegaram pela via da Tradição. Constituiu-se, então, a famosa discussão sobre as duas fontes da Revelação.

Até o início do Concílio Vaticano II, prevalecia grandemente tal posição, de modo que havia um esquema conciliar sobre as "duas fontes da Revelação" — a Escritura e a Tradição —, como duas grandezas paralelas, no sentido material e de conteúdo.

É conhecido o árduo debate que se travou no Concílio Vaticano II a respeito dessa questão. Tentou-se um texto conciliador em que se afirma, de um lado, que existe uma mesma fonte divina de onde promanam a Sagrada Tradição e a Sagrada Escritura, formando um só todo e tendendo para o mesmo fim.[21] "A Sagrada Tradição e a Sagrada Escritura constituem um só sagrado depósito da palavra de Deus confiado à Igreja."[22]

Esta unidade primigênia da Palavra Deus se manifesta, porém, em certa dualidade. "Com efeito, a Sagrada Escritura é a Palavra de Deus enquanto redigida sob a moção do Espírito Santo; a Sagrada Tradição, por sua vez,

---

[20] Mesters, C. *Por trás das palavras*. 4. ed. Petrópolis, Vozes, 1980; Id. *Círculos Bíblicos*. Petrópolis, Vozes, 1973; Id. *Flor sem defesa*. Petrópolis, Vozes, 1983.
[21] Concílio Vaticano II, *Dei Verbum*, nn. 7-8.
[22] Ibid., n. 9.

transmite integralmente aos sucessores dos Apóstolos a palavra de Deus confiada pelo Cristo Senhor e pelo Espírito Santo aos Apóstolos."[23]

A questão não ficou definitivamente dirimida. Hoje a interpretação mais aceita é perceber uma distinção entre ambas, mas não uma separação entre duas grandezas autônomas. Elas mantêm entre si uma relação mútua, profunda. Estabelece-se entre elas verdadeiro círculo hermenêutico. A Tradição engloba a Escritura, antecedendo-a, presidindo a sua confecção e prosseguindo sua intelecção ao longo da história. Mas, por sua vez, essa Tradição encontra na Escritura sua norma. A Escritura é livro constitutivo e normativo da Tradição da Igreja. A Tradição dá testemunho da Escritura, interpreta-a, crendo nela. Constitui-se em confronto com a Escritura, e nunca em oposição ou paralela a ela. A Escritura recebe sempre novas interpretações no interior da Tradição.

Relação entre Escritura e Tradição

A Palavra, consignada na Escritura, é transmitida vitalmente na tradição da fé eclesial. O "excesso" do Evangelho a respeito do texto escrito, a impossibilidade de objetivar o Espírito em relação à "letra" e a característica de presença atual do evento de Cristo, conexa com a ação do Espírito na assistência à Igreja, no cumprimento de interpretar a Palavra, são as raízes do conceito teológico de Tradição: longe de ser uma mecânica repetição do que é morto, a Tradição da fé é vida que transmite a vida. A autocomunicação divina, realizada na Revelação, suscita o povo de fé que — de testemunha em testemunha — transmite a todas as gerações a memória do Eterno, ligada ao texto da Escritura fixado no cânon, mas também ligada ao contexto do anúncio e da práxis de fé, em quem o Espírito opera para conduzir a Igreja em direção à plenitude da verdade divina (B. Forte, *Teologia in dialogo. Per chi vuol saperne di più e anche per chi non ne vuole sapere*, Milão, Raffaello Cortina, 1999, p. 45).

4. PROGRESSO DA TRADIÇÃO

Quem garante a autenticidade desse desenvolvimento da Tradição de maneira que ela nunca desgarre da Escritura e a Escritura não se fossilize num fundamentalismo rígido? A última instância é o próprio Espírito.

A certeza dessa verdade vem-nos da promessa de Jesus. Ele disse que pedirá ao Pai a presença permanente do Espírito Santo, Espírito da verdade, que habitará o coração dos cristãos (Jo 14,16-17). Ele lhes ensinará tudo e lhes trará à memória tudo quanto Jesus disse (Jo 14,26). A presença do Espírito visa à continuidade da Tradição de fé. Ele dará testemunho de Jesus, e em seguida os apóstolos (todos os cristãos) darão também testemunho dele (Jo 15,26s). Aí aparece claramente a força do Espírito no processo de transmissão da Revelação de Jesus. Mais: Jesus atribui ao Espírito conduzir os discípulos a toda a verdade, já que naquele momento Jesus tinha muitas coisas para dizer-lhes que eles não podiam compreender. Mas não há perigo de desvio da Revelação de Jesus, porque

---

[23] Ibid., n. 10.

o Espírito não falará de si mesmo, mas do que ouvir de Jesus, e Ele, do Pai. Tudo o que o Pai tem é também do Filho (Jo 16,12-15). Aparece a ação trinitária na Revelação que mantém a unidade da Revelação e sua continuidade na história.

A ação do Espírito Santo é prometida a cada um enquanto crê em Jesus. E os que crêem em Jesus constituem fundamentalmente a Igreja. É a Igreja, portanto, o sujeito principal dessa continuidade da Tradição, garantida pela ação do Espírito. Porque ele é divino, sua ação é de natureza diferente das nossas ações localizáveis em tempo e espaço. Nossas ações se chocam com as outras que estão no mesmo nível de causalidade, intrometendo-se, ferindo-as, forçando-as ou sendo forçadas por elas. É sempre um jogo de forças, por mais que se respeitem as liberdades. Não conseguimos atuar sem, sob certo sentido, limitar a autonomia do outro. O Espírito Santo age diferentemente.

Ação do Espírito na Tradição da Igreja

O influxo do Espírito Santo transcende os fatores humanos, penetra-os, eleva e guia, de modo que a Igreja conserve e desenvolva a verdade revelada. Por isso a atração interna sobrenatural não é um fato milagroso conhecido como tal, que pode ser utilizado como norma objetiva para distinguir o desenvolvimento legítimo de outro ilegítimo; mais que objeto de conhecimento, essa atração interna, dada pelo Espírito, é uma qualidade de quem crê, que faz progredir a todos os membros da Igreja no aprofundamento da Revelação, por meio das três vias do desenvolvimento dogmático, que descrevemos anteriormente" (Z. Alszeghy & M. Flick, *El desarrollo del dogma católico*, Salamanca, Sígueme, 1969, p. 104).

5. MODOS DO DESENVOLVIMENTO DA TRADIÇÃO

O texto citado refere-se aos três esquemas teóricos que os autores desenvolveram para explicar a evolução e o crescimento da tradição, do dogma, da verdade de fé. Em primeiro lugar, pelo *raciocínio*, em que a intelecção caminha mediante deduções. De uma verdade, a inteligência conclui outras verdades, usando o silogismo ou as induções, de modo que, ao final, tenha-se uma compreensão mais ampla da verdade fundamental. Assim, os conhecimentos que uma verdadeira antropologia nos oferece servem para ampliar a verdade da tradição de que Jesus Cristo é verdadeiro homem.

Em segundo lugar, pode-se avançar também na compreensão da verdade pela *conceitualização*, processo pelo qual se traduz em conceitos uma percepção da realidade preconceitual. O mistério da presença real de Jesus na eucaristia ganhou em intelecção com a conceitualização da transubstanciação, transfinalização, transignificação.

Em terceiro lugar, a compreensão objetiva permite que, a partir de uma *visão de totalidade,* perceba-se a coerência de um elemento com essa visão. Assim, a partir de uma visão global da história da salvação entende-se o mistério de Maria, mãe de Deus, imaculada, *assumpta* etc.[24] Tal compreensão objetiva tem muito a ver com os *"sensus fidei"* e *"sensus fidelium"*.[25]

Esses modelos são, na verdade, uma explicitação do sucinto ensinamento do Concílio Vaticano II, que apresenta também três modos pelos quais a Tradição se desenvolve.

A Sagrada Tradição

> Esta Tradição, oriunda dos Apóstolos, progride na Igreja sob a assistência do Espírito Santo: cresce, com efeito, a compreensão tanto das coisas como das palavras transmitidas, seja pela contemplação e estudo dos que crêem, os quais as meditam em seu coração (cf. Lc 2,19 e 51), seja pela íntima compreensão que experimentam das coisas espirituais, seja pela pregação daqueles que com a sucessão do episcopado receberam o carisma seguro da verdade (Concílio Vaticano II, *Dei Verbum*, n. 8).

A Tradição cristã cindiu-se em Igrejas diferentes que se reportam a ela. Além da Igreja Católica, existem as Igrejas ortodoxas e evangélicas. Outras tradições religiosas reivindicam para si também ser fontes de Revelação. A Tradição cristã é, portanto, chamada a um diálogo inter-religioso com todas elas.

A teologia cristã é chamada hoje a dialogar com as outras tradições religiosas, superando uma posição fundamentalista, fechada, mas também sem renunciar a sua identidade. Nem a posição estreita de que só na Igreja há salvação nem a posição de toda religião são a mesma coisa. No equilíbrio de uma abertura para as outras formas religiosas e numa clareza sobre nossa singularidade cristã, poderemos caminhar dialogando com as grandes tradições religiosas orientais e no nosso continente com as tradições afro e indígenas.

Resumindo

• *A tradição é uma condição antropológica e sociológica para a vida humana. Só dentro dela, o ser humano se entende a si e estabelece as outras relações. Ela torna inteligível a linguagem humana e o conjunto de significados.*

• *Essa mesma experiência vale para a fé. Esta só se torna fé dentro de uma tradição que oferece o quadro de interpretação necessário para saber em que se crê e em quem se crê. A tradição na qual a fé cresce com vigor tem uma natureza própria. No início, está o projeto salvador de Deus que é proposto. Ele é percebido como uma experiência religiosa, cultural. Há uma geração que consegue formulá-lo e então o transmite para as gerações seguintes. Assim se cria a cadeia da Tradição. Homens da comunidade vão lentamente consignando-a por escrito. Nasce, portanto, de dentro dela, a Escritura.*

---

[24] Ibid., n. 9.
[25] ALSZEGHY, Z. & FLICK, M. *El desarrollo del dogma católico*. Salamanca, Sígueme, 1969. pp. 31-93.

• *A partir de então, a teologia vai investir muita reflexão na relação entre as duas. Durante muito tempo, sobretudo depois da Reforma Protestante que estabelecera o princípio da suficiência da Escritura para a Revelação, a tradição católica começou a falar de duas fontes da Revelação autônomas, separadas: Escritura e Tradição.*

• *Até o Concílio Vaticano II, a polaridade entre Escritura e Tradição continuou em tom polêmico entre protestantes e católicos. O esforço ecumênico do Concílio Vaticano II encontrou uma fórmula de compromisso. Se, de um lado, chega a afirmar que a Sagrada Tradição e a Sagrada Escritura constituem "um só sagrado depósito da Palavra de Deus", de outro lado, reconhece que a Sagrada Escritura e a Sagrada Tradição são expressões diferentes da mesma Palavra de Deus.*

• *Com a entrada em cena, de modo mais visível no Ocidente, de grandes Tradições religiosas não-cristãs, levanta-se então o problema do diálogo entre elas. A temática do diálogo inter-religioso vem ocupando cada vez mais espaço no mundo da teologia. A fé cristã é chamada a manter o equilíbrio entre uma auto-suficiência que rejeite qualquer outra forma religiosa como erro e descaminho da salvação e uma relativização tal que já nem tem mais sentido ser cristão nem, portanto, anunciar o Evangelho. O cristão no diálogo inter-religioso é desafiado a aprofundar sua identidade cristã em diálogo aberto com as outras religiões.*

Aprofundando

Fechando o percurso de nossa fé, falta ainda um olhar mais detalhado para a situação social em que vivemos. O que a fé cristã tem a dizer num contexto de tanta injustiça e dominação?

Pergunta para reflexão e partilha

1. Como a experiência da tradição numa sociedade humana ajuda a entender a Tradição na Igreja?

2. A Tradição da Igreja tem sido o critério da verdade da minha fé pessoal?

3. Na pastoral, já existe alguma preocupação com o diálogo inter-religioso com as tradições religiosas africanas e indígenas, conforme a região em que se vive?

Bibliografia complementar

LIBANIO, J. B. *A tradição cristã*. In: *Teologia da Revelação a partir da modernidade*. 4. ed. São Paulo, Loyola, 2000.

Capítulo oitavo

CRER NUM CONTINENTE DESAFIADOR

> *O motivo último do compromisso com os pobres e oprimidos*
> *não está na análise social que empregamos, em nossa compaixão humana*
> *ou na experiência direta que possamos ter da pobreza.*
> *É uma opção teocêntrica e que deita raízes*
> *na gratuidade do amor de Deus e é exigida por ela.*
>
> G. Gutiérrez

1. PERGUNTA FUNDAMENTAL

À teologia européia punha-se a pergunta fundamental: como crer honestamente no seio de uma cultura científica e da autonomia do sujeito? Como continuar aceitando uma Revelação vinda de fora, garantida por uma autoridade, quando nos consideramos um sujeito livre, autônomo, em plena idade madura? Que significado têm para as pessoas de hoje revelações fundamentadas em intervenções divinas externas às suas experiências? Os teólogos se desdobraram para responder a essas perguntas.

Na América Latina, os questionamentos vieram de outra realidade. Enquanto a modernidade avançava no campo econômico, tecnológico, político, cultural no hemisfério Norte, os países do Sul viam-se vitimados pela pobreza e miséria de suas gigantescas massas. Levantava-se assim o véu da modernidade progressista para ver seu avesso. A partir desse "reverso da história", brota a angustiante pergunta: como ser cristão num continente de tanta injustiça social e miséria do povo? Como crer no meio de tanto sofrimento injusto, de tantos condenados prematuramente, de tantos crucificados deste mundo?

2. NO INÍCIO

Se no final da década de 1960 e princípios da de 1970, quando nascia a Teologia da Libertação, essa pergunta já era altamente inquietadora e angustiante, hoje se tornou ainda mais grave. Em Medellín (1968), os bispos constatavam o fato: "Um clamor brota de milhões de homens, pedindo a seus pastores uma libertação que não lhes chega de nenhuma parte".[1] Em

---

[1] ARDUSSO, F. Il "senso della fede" e il "consenso dei credenti". *Credere Oggi* 2 (1982/2) 18s.

Puebla (1979), reforçam a idéia. "O clamor pode ter parecido surdo naquela ocasião. Agora é claro, crescente, impetuoso e, nalguns casos, ameaçador".² Essa constatação não é meramente sociológica. É teológica. Mostra a incoerência da fé cristã, predominante nesse continente de injustiças.

Fé e realidade injusta

A falta de coerência entre a fé que se professa e a vida cotidiana é uma das várias causas que geram pobreza em nossos países, porque os cristãos não souberam encontrar na fé a força necessária para penetrar os critérios e as decisões dos setores responsáveis pela liderança ideológica e pela organização da convivência social, econômica e política de nossos povos. "Em povos de arraigada fé cristã impuseram-se estruturas geradoras de injustiça" (Puebla, n. 437; Conclusões de Santo Domingo, n. 161).

Naquele momento do surgimento da Teologia da Libertação, tinham-se somado vários fatores para que a consciência da situação se tornasse mais aguda. A brutalidade dos fatos impunha-se na sua vergonhosa injustiça. Mas isso, de fato, não era novidade. Desde os albores da colonização do século XVI, unida à escravidão do negro e ao genocídio dos índios, nossos países conheceram gritante injustiça social. As classes dominantes mantiveram e mantêm até hoje uma estrutura social que torna muitos de nossos países tristes campeões na péssima distribuição de rendas. Isso significa riquezas vultosas ao lado de pobreza degradante.

À miopia e dominação das elites nacionais somava-se nas décadas depois de 1950 o avanço do capitalismo na sua forma modernizada, invadindo com suas transnacionais nosso continente e fazendo aliança com suas elites. Há uma mútua permeabilidade entre o capital internacional e nacional numa comunhão de interesses à custa do bem do país e especialmente das camadas populares. O regime militar só veio reforçar o império do capital internacional.

A novidade dos pobres deve-se ao caráter de multidão. Somente depois que as megalópoles se formaram, acumulando milhões de miseráveis, é que saltou aos olhos de todos a iniqüidade social do tipo de desenvolvimento que se impusera desde o início da colonização. Já não se consegue ocultar tanta pobreza. É encontrada por todas as partes, sob formas diversas, massivamente.

Muda-se também a consciência da percepção de tal pobreza. Até então, era vista como fruto da natureza e, portanto, isentava as decisões humanas de responsabilidade. Em última análise, era uma questão antes teológica que sociopolítica — pois Deus é o criador dessa ordem natural. Ele é o último responsável pela pobreza. Havia um esforço por sondar os planos de Deus a fim de explicá-la; ora voltava-se para a recompensa eterna que

---

² Conclusões de Medellín, *Pobreza da Igreja*, n. 2

estava preparada para os pobres, consolando-os na sua situação terrestre, ora insistia-se nas possibilidades que se criavam para o exercício da caridade por parte dos ricos.

Toda essa teologia desfez-se ao embate da crítica social de inspiração marxista. A pobreza de nossos países é fundamentalmente produzida pelo sistema sociopolítico e econômico, e não fruto da natureza. Os seus habitantes são empobrecidos por causa das relações sociais que o sistema global estabelece entre as nações e dentro das nações entre as classes. Nesse momento, surge a teoria da dependência, que tenta explicar racionalmente a pobreza em vez de deixá-la entregue às carências da natureza ou a uma ordem desejada por Deus. Os teólogos podiam aproximar-se da realidade social mais bem apetrechados teoricamente. Paulo Freire ampliou o arco de análise com sua pedagogia do oprimido. A conscientização se espraiou, atingindo rincões populares a ponto de ameaçar um sistema que, em seguida, se crispa em movimentos espasmódicos de repressão, especialmente contra qualquer movimento contestatório.

Conscientização

O problema da "conscientização" se colocou, inicialmente, num terreno pedagógico, e apareceu intimamente ligado com o conceito de "educação de base". No momento em que se propõe levar a uma comunidade de homens certa soma de conhecimentos e suscitar em seus membros certas formas de comportamento que lhes permitam romper o círculo de uma situação considerada como infra-humana ou marginalizada, é claro que se irá introduzir modificação mais ou menos profunda na consciência que esta comunidade tem de si mesma. Ela tornar-se-á uma consciência dinâmica, seu nível de aspirações se elevará, ela assumirá uma atitude crítica com relação a situações que, até então, lhe pareciam fruto de uma fatalidade da natureza. Nesse sentido se diz — e eis aqui a acepção original do termo — que a comunidade se "conscientiza" (H. C. de Lima Vaz, A Igreja e o problema da "conscientização", in *Revista Vozes* 62 [1968] 484).

A avalanche conscientizadora penetra a Igreja. Atinge grupos juvenis — JEC, JUC e JOC —, pequena camada de bispos e padres, mas de alto valor espiritual, intelectual e pastoral. Emergem, nas comunidades eclesiais de base com seus círculos bíblicos, muitos líderes leigos que vão desempenhar papel relevante nos movimentos populares sociais. Entre estes, merece destaque o Movimento de Educação de Base (MEB), inspirado na pedagogia libertadora, com ampla irradiação nas camadas populares. Cria-se também um grupo de excelentes teólogos, religiosos e sobretudo religiosas que encetam experiências pastorais populares e de vida inserida nos meios populares.

O terreno eclesial já tinha sido preparado pela abertura do conjunto da Igreja, pelo clima social criado pelas duas maravilhosas encíclicas de João XXIII — *Mater et magistra* e *Pacem in terris* —, pela Constituição Pastoral *Gaudium et spes,* do Concílio Vaticano II, e pelo ambiente que esses fatos criaram. Paulo VI reforçara tal perspectiva com a Encíclica *Populorum progressio* (1967), na qual aborda a questão do *desenvolvimento integral*.

Está-se a um passo do que mais tarde se chamará "libertação". Enfim, toda essa atmosfera de Igreja condensa-se na Conferência dos Bispos da América Latina em Medellín (1968). Daí emana um novo espírito de libertação para toda a Igreja, potencializa-se tudo o que já existia nessa linha, acordando outras forças adormecidas nessa direção.

Medellín

Quando terminou o Concílio Vaticano II, ficou claro para muitos bispos e para o Papa Paulo VI que seria importante que houvesse uma reunião regional do Episcopado Latino-Americano a fim de que ele pudesse assimilar e atualizar para o continente a riqueza do Concílio. Assim, Paulo VI convocou para Medellín, agosto de 1968, a 2ª Conferência Geral do Episcopado Latino-Americano, que ele mesmo inaugurou no dia 24 de agosto. A primeira Conferência tinha acontecido no Rio de Janeiro, em 1955, na fundação do CELAM (Conselho Episcopal Latino-Americano), convocada por Pio XII. Esta 2ª Conferência resultou mais do que simples aplicação do Concílio para a América Latina. Num clima extremamente conflituoso do continente, os bispos fizeram opções de enorme relevância para o futuro da Igreja latino-americana. Rompem claramente com o esquema desenvolvimentista, desposando a recém-elaborada teoria da dependência com a conseqüente conclusão da necessidade de uma libertação de todas as estruturas de opressão internacionais e nacionais. Captam a "irrupção do povo pobre e de fé" como sujeito da história e na Igreja. Fazem a opção pelos pobres, despertando a Igreja para maior inserção no seu meio. Optam pelas comunidades eclesiais de base, que estavam apenas nascendo. E pode-se considerar também nessa assembléia o apoio oficial à Teologia da Libertação que se vai configurar nos próximos anos.

3. AGRAVAMENTO DA SITUAÇÃO E A IDEOLOGIA NEOLIBERAL

O momento presente apresenta-se paradoxal. A realidade social tornou-se ainda mais crítica e, a despeito disso, a consciência crítica rarefez-se. A nova conjuntura do capitalismo, sob a forma neoliberal, conseguiu duplo efeito nefasto. Ampliou a distância entre os países de níveis diferentes de desenvolvimento de modo que os menos desenvolvidos se distanciaram ainda mais dos mais desenvolvidos. E o mesmo fenômeno se dá entre as classes, diluindo a classe média. Aliás, esse segundo fato se verifica também em países do Primeiro Mundo.

O núcleo ideológico do neoliberalismo é o princípio darwiniano atuando no campo humano. Na luta pela vida, vence o mais forte, competente, sadio, modernizado, enquanto morre o mais fraco, doente, incompetente, atrasado. É um princípio que atravessa todos os níveis de relações, desde entre continentes até dentro de uma família. O Norte, rico e forte, cresce. O Sul, pobre, empobrece. Os países economicamente sólidos firmam-se, os frágeis tornam-se vítimas de qualquer abalo. Basta recordar as crises que México e Brasil sofreram com as mudanças nas conjunturas econômicas mundiais, enquanto os EUA tornaram-se ainda mais fortes.

Tal mentalidade infiltrou-se em todos os interstícios da cultura, em que imperam a ânsia de modernização e o medo de ficar de fora do jogo avançado do mercado. Infeliz a empresa não-modernizada, tristes os profissionais desatualizados, desesperançados aqueles que não tiveram oportunidades favoráveis na infância e na juventude: todos não têm futuro no reinado da ideologia neoliberal darwiniana. São as espécies destinadas ao extermínio.

Para se medir o grau de sanidade há vários termômetros. O mais importante é o mercado e tudo o que depende dele. Quem produz e consome é sadio. Quem faz circular e crescer o capital é estimulado. Quem acumula mais é louvado. Todos os que se colocam no fluxo da gratuidade, da sobriedade, da generosidade distributiva circulam na contramão. Estão sujeitos às trombadas do sistema até serem levados a alguma UTI para lá morrer.

Inimigos, portanto, da ideologia neoliberal são todas as forças, as idéias, a mentalidade, o espírito que restringem a fome voraz do mercado e do capital produtivo. Tudo o que distribui, sem ser para ser comprado e consumido, enfraquece. É entulho socializante. É Doutrina Social da Igreja poética e irrealista. Mais do que todas as Teresas de Calcutá ou Abbé Pierre, ajuda os pobres o enriquecimento das nações, das pessoas. Haverá mais migalhas para cair da mesa. No fundo, os dois maiores inimigos são a herança socialista e o espírito cristão. Ambos devem ser abolidos pela ideologia neoliberal, pois atrasam o processo de desenvolvimento, de progresso. Deus foi o primeiro a desmenti-los, criando as pessoas com talentos diversos, permitindo-lhes chances desiguais.

A face nova da dominação se dá, já não tanto explorando a força de trabalho, mas reduzindo-a cada vez mais. Ironicamente um empresário retrucava a alguém que o acusava de exploração: "Como é que pretendem afirmar que os exploramos, se nem sequer nos interessa que trabalhem para nós".[3] Para isso estão as novas máquinas cada vez mais sofisticadas que vão despejando multidões nas ruas.

Campanha da Fraternidade: *a Fraternidade e os excluídos*

As propostas neoliberais garantem a minoria de privilegiados, a quem é reconvertida a nova distribuição do capital. Asseguram os grandes grupos industriais e financeiros. Propõem a reciclagem e diversificação da produção para provocar o consumo dos que já estão no mercado. Concentram a renda, a terra, os bens, os privilégios, o poder. Geram o endividamento, o desemprego, as desigualdades, a desagregação moral. Deixam de assegurar as condições básicas para a vida: a alimentação, educação e saúde, chão para morar, saneamento básico, transporte público e acesso à justiça. Esse modelo revela-se incompetente para resolver a chaga social que aflige, ameaça e envergonha a sociedade. Ele produziu profundos desastres sociais e ecológicos e o aumento da exclusão social. Aprofundou a cisão, deixando grandes parcelas excluídas das condições básicas da vida, mantidas a distância até que desapareçam por si mesmas, como se isso fosse possível (CNBB, Texto-Base da Campanha da Fraternidade: *A Fraternidade e os excluídos*, 1995, n. 38).

O novo nome da dominação é exclusão. Termo ainda mais forte do que marginalização, pobreza. O marginalizado é posto à margem do sistema,

---

[3] *Conclusões de Puebla*, n. 89.

mas não fora. O pobre pode até participar do sistema. O excluído é rejeitado por um sistema social de cuja participação tem direito. Uma criança tem direito de ir à escola e é dela excluída. Nega-se o direito de cidadania a quem tem direito.

De que exclusão se fala hoje? Do mercado. Essa é a nova face da exclusão. Tanto mais grave quanto mais o mercado ocupa o centro do sistema. Hoje o mercado transformou-se em "instituição total". Estar fora do mercado é estar fora de tudo. Os bens mais comezinhos e necessários — energia, água, habitação, serviços básicos — vêm pelo mercado. Cada vez se torna mais impossível um tipo de existência rural em que se possa viver praticamente fora do mercado quanto à subsistência. As massas camponesas são jogadas para dentro das grandes cidades. O asfalto não alimenta ninguém.

Talvez seja mais correto evitar o binômio contraditório "exclusão" e "inclusão". Mais exato é falar de níveis de exclusão ou de inclusão. Se armássemos um gráfico, no ponto máximo da inclusão estariam as pessoas diretamente envolvidas com o mundo financeiro. Apesar de todas as crises e talvez até por causa delas, o mundo financeiro vem aumentando seus lucros fantásticos. E as indústrias crescem à medida que conseguem ter força nesse mundo das bolsas e algo semelhante. Na escala ínfima, numa exclusão total, estão aqueles que vivem do lixo, sem teto, sem nada que os vincule ao mercado. Não consomem nem produzem absolutamente nada que pertença ao mercado. Quando se organizam e se transformam em catadores de lixo, já conseguem um grau mínimo de inserção.

A exclusão não poupa nenhum segmento da sociedade; basta que ele perca ou diminua sua inserção no mercado: um engenheiro desempregado experimenta certo grau de exclusão, mesmo que ainda não tenha caído na pobreza. Diminui sua participação no mercado produtivo e provavelmente diminuirá seu consumo. Até banqueiros sofreram o impacto da exclusão quando tiveram de vender seus bancos, perdendo sua força de presença no sistema, ainda que continuassem dentro dele por outras vias. Não deixaram de sentir um toque de exclusão. Pode-se afirmar mais. O número dos excluídos cresce em todo o mundo. Gigantescamente nos países pobres; escandalosamente nos países ricos.

Esse quadro novo provoca uma insegurança geral. Em tempos passados, os profissionais liberais formavam-se numa profissão que pretendiam exercer durante toda a vida. Hoje a extrema mobilidade social tem provocado desempregados e excluídos também em seu meio. Talvez seja a agudeza desse problema que poderá provocar reações que ajudem a pensar um sistema alternativo menos ameaçador.

Com essa situação, um conceito muito estreito de pobre já não cobre as exigências de uma reflexão teológica. G. Gutiérrez, que desencadeara na década de 1970 esse turbilhão de trabalhos teológicos em torno do "pobre", "não-homem", "multidão" e "crente", sentiu necessidade de voltar-se sobre essa categoria e ampliá-la.

Como G. Gutiérrez, muitos teólogos preocupam-se com outras dimensões da pobreza, reforçando-a com elementos de exclusão étnica, cultural e de gênero. A pobreza se mostra cada vez mais ligada à morte.

Pobreza resiste à morte
"Hoje percebemos cada vez mais claramente o que está em jogo em tal situação: a pobreza significa morte, morte provocada pela fome, pela doença ou pelos métodos de repressão empregados por aqueles que vêem seus privilégios ameaçados diante de qualquer esforço de libertação dos oprimidos"; "morte física à qual se acrescenta uma morte cultural, porque em uma situação de opressão se vê destruido tudo o que dá unidade e força aos desprovidos deste mundo"... "É disso que se trata quando falamos da pobreza, da destruição das pessoas e dos povos, das culturas e das tradições"... "Mas não é tudo. Ser pobre é também uma maneira de sentir e de conhecer, de raciocinar, de fazer amigos, de amar, de crer, de sofrer, de celebrar, de orar. Em outros termos, os pobres constituem um mundo" (G. Gutiérrez, *A verdade vos libertará*. Confrontos, São Paulo, Loyola, 2000, p. 24s).

A situação atual torna ainda mais angustiante a pergunta: "No mundo da revolução tecnológica e da informática, da 'globalização' da economia, do neoliberalismo e do pretenso pós-modernismo, há lugar para os que hoje são pobres e marginalizados e que buscam libertar-se de uma condição inumana que esmaga sua condição de pessoas e filhos de Deus?".[4]

Essa é uma face da realidade. Cresce a pobreza. Eis o paradoxo. Em vez de maior criticidade, de virulência combativa, de luta aguerrida contra essa situação, reina a morte dos ideais, da utopia, da ideologia, deixando que o sistema dê todas as cartas. A queda do socialismo em 1989 paralisou as lutas libertárias. Criou má consciência em todos os que se inspiravam, de certa maneira, em idéias socialistas, mesmo longínquas. Cunhou o epíteto "dinossauro" para esses idealistas. Pertencem ao passado. O moderno é o neoliberalismo, a alta tecnologia, a revolução da comunicação, a engenharia genética, a farândola do capital financeiro.

Já faz tempo que se anuncia a morte da utopia. H. Marcuse via nas possibilidades extraordinárias da tecnologia a substituição da utopia. Por que sonhar quando já se podem realizar tecnologicamente todos os nossos sonhos e desejos? Basta simplesmente aguardar um pouco mais de tempo.[5] E a vitória do capitalismo sobre o socialismo não indica que já se construiu o melhor sistema político-econômico, ao arquitetar a democracia liberal burguesa americana?[6]

Irônico é perceber a inversão do jogo ideológico. Nos anos do confronto entre socialismo e capitalismo, o socialismo arvorava-se em ciência e acusava o capitalismo de ideologia. O termo ideologia chegou a assumir a

---

[4] ASSMANN, H. *Crítica à lógica da exclusão;* ensaios sobre economia e teologia. São Paulo, Paulus, 1994. p. 5.
[5] GUTIÉRREZ, G. *Onde dormirão os pobres?* São Paulo, Paulus, 1998. p. 8.
[6] MARCUSE, H. *O fim da utopia.* Rio de Janeiro, Paz e Terra, 1969.

conotação burguesa, enquanto o socialismo se vestiu com adjetivo de científico.

Na modernidade, o embate entre ciência e ideologia significava ter como antagonistas a verdade e o embuste, a verificação e a crença, a objetividade e a subjetividade interessada. Naturalmente, o prato da balança inclinava-se para o lado da verdade, verificação, objetividade do socialismo, excluindo como ideologia, embuste, crença, interesses de grupos opressores o capitalismo. Esse modo de pensar circulou entre intelectuais de esquerda, embora com matizes, mas fundamentalmente assim.

Eis que o feitiço volta-se contra o feiticeiro. O capitalismo despe-se de toda conotação ideológica, subjetiva e se apresenta como ciência já não meramente verificável, mas verificada pela sua vitória contra o socialismo. Cai a ideologia socialista e fica a ciência econômica que rege a objetividade do capitalismo. Anuncia-se mais uma vez, dessa maneira, a morte da ideologia e o triunfo da ciência, invertendo o nome da vítima e do vencedor.

Diante dessa situação desafiante, como se pode crer? Como pensar a fé cristã nesse novo contexto?

4. OS PASSOS DA FÉ NESSA NOVA SITUAÇÃO

Na trilha do pensamento bíblico, a teologia da América Latina assumiu um caráter profético no seu início. Depois, firmou-se como teoria, criando, por assim dizer, uma doutrina comum. Circulou por todos os campos do continente um núcleo fundamental de teologia, que fecundou documentos, alimentou compromissos sociais, incentivou as comunidades eclesiais de base, renovou a vida eclesial, penetrou fundo na vida religiosa e nas obras educativas, assistenciais. Se a fé na perspectiva da libertação aumentou sua presença no mundo institucional da Igreja, ela perdeu, porém, em tônus profético. O consenso fácil dificulta a profecia.

Agora, essa calmaria consensual acabou. A Igreja institucional encolheu seus espaços libertários. A sociedade desinteressou-se pela temática e pela presença da teologia do 3º mundo. Muitos militantes da cidade política e das pastorais de Igreja desanimaram, recuaram, afastando-se de suas opções antigas. Alguns debandaram, passando para as hostes opostas.

De novo, há uma situação provocadora de profecias. Terminou a unanimidade doutrinal. Cabe então o lugar do profeta. A fé cristã é chamada mais uma vez a ser profética. E profecia implica um duplo gesto: denúncia e anúncio.

> **Que os geógrafos aprendam**
>
> *Os desertos mais amplos*
> *mais sem-fim,*
> *sem oásis,*
> *sem sombra*

> — embora não sem silêncio
> e sem mistério —
> são criados
> em nós e fora de nós
> pelo desamor.
>
> (D. Helder Câmara, *Mil razões para viver*, Rio de Janeiro, 1978, p. 23)

a) Denúncia

O neoliberalismo anuncia-se como morte da ideologia em nome da ciência. Contudo, na verdade, é nova forma e sutil de ideologia. Por isso, cabe à fé cristã desmascarar esse embuste, mostrando que "a morte da ideologia" é a mais terrível das ideologias. Muitos cristãos latino-americanos, formados na escola da Teologia da Libertação, possuem sensibilidade aguda para perceber o jogo ideológico, normalmente bem camuflado.

Onde está a raiz desse jogo ideológico? Há uma identificação simplificada entre vitória e verdade, entre êxito e ciência. Não há dúvida de que economicamente o capitalismo se impôs ao socialismo real. Não há dúvida de que o socialismo real escondeu muitas misérias éticas que vieram à luz com a sua queda. Nada disso, porém, testifica nem a verdade do capitalismo nem sua superioridade ética, já que suas misérias éticas se escondem por trás do sucesso econômico.

Basta um simples olhar para a vida de Jesus para mostrar o absurdo dessa tese. Jesus revelou-se na sua maior verdade no momento em que foi derrotado por seus inimigos, ao ser condenado à morte de cruz. O critério ético último é o amor, e nunca a vitória ou derrota.

O jogo ideológico estende-se também à identificação de um sistema concreto com todas as suas conquistas, mazelas e com o ideário proposto por ele. Pode acontecer, em dado momento, que esse sistema se afaste de seu programa ideal e sucumba, sem que por isso mesmo desacredite esse programa. A queda do *socialismo* real não significa, sem mais, o fracasso de toda e qualquer trajetória de corte socialista. Abre-se, pelo contrário, a possibilidade de outras experiências históricas, evitando os seus erros.

O cristão é chamado a voltar-se sobre si e perguntar-se pelas raízes profundas de sua fé e a partir daí analisar criticamente esse embate ideológico. Reconhecerá, sem dúvida, que muitos elementos do socialismo continuam fazendo parte de sua compreensão da fé, embora não tenham sido concretizados a contento pelo socialismo real.

O destino universal de todos os bens, a partilha, a distribuição, a preferência pelos mais pobres na sociedade, pensar a política e a economia a partir das camadas populares e outros pontos que brotam da fé cristã encontram no ideário do socialismo maior ressonância. É em nome de tais princípios evangélicos que o cristão teima em não aceitar a morte de toda a herança socialista e o triunfo de um sistema apoiado na valorização do indivíduo. Seu grito profético tem espaço. Sua fé continua sendo essencialmente apelo ao comunitário, à solidariedade, à partilha.

A utopia e os conflitos paradigmáticos

Depois de séculos de modernidade, o vazio do futuro não pode ser preenchido nem pelo passado nem pelo presente. O vazio do futuro é tão-só um futuro vazio. Penso, pois, que, perante isto, só há uma saída: reinventar o futuro, abrir um novo horizonte de possibilidades, cartografado por alternativas radicais às que deixaram de sê-lo. Com isso, assume-se que estamos a entrar numa fase de crise paradigmática, e portanto, de transição entre paradigmas epistemológicos, sociais, políticos e culturais. Assume-se também que não basta continuar a criticar o paradigma ainda dominante, o que, aliás, está feito já à saciedade. É necessário, além disso, definir o paradigma emergente. Esta última tarefa, que é de longe a mais importante, é também de longe a mais difícil...

Perante isso, como proceder? Penso que só há uma solução: a utopia. A utopia é a exploração de novas possibilidades e vontades humanas, por via da oposição da imaginação à necessidade do que existe, só porque existe, em nome de algo radicalmente melhor que a humanidade tem direito de desejar e por que merece a pena lutar (B. de Sousa Santos, Pela mão de Alice. O social e o político na pós-modernidade, São Paulo, Cortez, 1995, p. 322s).

b) Anúncio

Contra a morte da ideologia, denunciava-se o engodo ideológico. Contra a morte da utopia, já não se trata de denunciá-la. Nesse campo, tal denúncia seria vazia. Cabe anunciar a utopia, ressuscitá-la. A maneira de contrapor-se à morte é a vida. A fé cristã é chamada, pois, ao anúncio de nova forma de vida na sociedade. Em termos teológicos, chama-se esperança. Em termos políticos, utopia. Para a fé cristã, a utopia cumpre a função de antecipar a esperança total, escatológica, com ensaios históricos, limitados.

A fé do cristão da América Latina sempre teve enorme sintonia com a utopia. A experiência de Deus com os pobres nos remete à esperança, ao futuro. O presente dos pobres está carregado de exploração, de sofrimento, de carência, de destruição das relações humanas. Objetivamente, tal situação é um mal não querido por Deus. Mesmo assim, o povo simples e pobre consegue dentro de tal experiência ter ânimo, cantar, fazer festa. Só a presença do Reino de Deus no meio dos pobres consegue abrir espaço para a esperança.

O cristão sabe que o Reino de Deus é a presença de Deus na história. Não se reduz a nenhum projeto utópico político. No entanto, pode inspirá-lo a criar mediações nas quais ele se faz presente. Entra em jogo a experiência que sempre fazemos de captar Deus nas realidades humanas, sabendo, porém, que nenhuma delas o esgota. Deus, por sua vez, só pode manifestar-se a nós nelas. O Deus da esperança mostra-se animando nossas utopias.

O solo fecundo da utopia é nossa capacidade de sonhar, imaginar uma situação melhor do que a que nos envolve. E o fundamento último está na nossa própria estrutura antropológica de seres espirituais, feitos pelo Infinito e para o Infinito. Nada que existe nos sacia plenamente. Podemos e temos direito de aspirar e sonhar realidades maiores.

Tanto mais importante se torna a utopia quanto mais somos invadidos por uma nova cultura que se autodenomina pós-modernidade. Ela tem gerado um vazio e tédio nas pessoas com o obscurecimento de nossa finalidade maior. A perda do sentido da vida desnorteia as pessoas, que pretendem responder a pergunta crucial de sua identidade numa busca sôfrega do prazer, da felicidade a curto prazo. A perda dos ideais faz que vivamos de modo muito superficial, enchendo-nos de bens de consumo.

Esse espaço sem utopia, preenchido pelo prazer imediato e pelo consumismo desvairado, abre-se tanto a um surto religioso — como já vimos acima — quanto à possibilidade de a fé cristã desocultar sua força utópica. Oferece horizonte para imaginar uma alternativa ao presente. A Escritura está repleta de horizontes utópicos, tanto no Antigo Testamento como no Novo. Basta recordar o profeta Isaías.

Utopia do Messias

Sairá um rebento do tronco de Jessé, e de suas raízes brotará um renovo. Repousará sobre ele o espírito do Senhor, espírito de sabedoria e discernimento, espírito de conselho e fortaleza, espírito de conhecimento e temor do Senhor. Ele se inspirará no temor do Senhor. Não julgará conforme as aparências nem decidirá só por ouvir-dizer. Julgará os pobres com justiça e decidirá com retidão em favor dos humildes do país. Ferirá o opressor com a vara de sua boca e com o sopro de seus lábios matará o perverso. A justiça será o cinto de seus quadris e a fidelidade o cinto de seus rins. Então o lobo habitará com o cordeiro e o leopardo se deitará com o cabrito. O bezerro, o leãozinho e o animal cevado estarão juntos e um menino os conduzirá. A vaca e o urso pastarão; juntos se deitarão os seus filhotes e o leão comerá capim como o boi. A criança de peito brincará sobre a toca da áspide e sobre a cova da serpente a criança pequena estenderá a sua mão. Não se fará mal nem destruição em todo o meu santo monte, porque o país estará repleto do conhecimento do Senhor, como as águas que enchem o mar (Is 11,1-9).

E, no Novo Testamento, a mais bela página inspiradora de utopias é o sermão das bem-aventuranças (Mt 5,3-11). Os Atos dos Apóstolos também apresentam de maneira idealizada e, portanto, sugestiva para utopias, a vida da comunidade primitiva.

Comunidade primitiva

Freqüentavam com assiduidade a doutrina dos apóstolos, as reuniões em comum, o partir do pão e as orações. De todos apoderou-se o medo à vista dos muitos prodígios e sinais que faziam os apóstolos. E todos que tinham fé viviam unidos, tendo todos os bens em comum. Vendiam as propriedades e os bens e dividiam o dinheiro com todos, segundo a necessidade de cada um. Todos os dias se reuniam unânimes no Templo. Partiam o pão nas casas e comiam com alegria e simplicidade de coração, louvando a Deus entre a simpatia de todo o povo. Cada dia o Senhor lhes ajuntava outros a caminho da salvação (At 2,42-47).

A multidão dos fiéis era um só coração e uma só alma. Ninguém considerava sua propriedade o que possuía. Tudo entre eles era comum. Com grande efeito os apóstolos davam testemunho da ressurreição do senhor Jesus e todos os fiéis gozavam de grande estima. Não havia entre eles indigentes. Os proprietários de campos ou casas vendiam tudo e iam depositar o preço do vendido aos pés dos apóstolos. Repartia-se, então, a cada um segundo sua necessidade (At 4,32-35).

c) Práxis: colocar-se ao lado dos pobres

Denunciar e anunciar pode perder-se na pura palavra. E a práxis? A fé cristã responde a sua vocação profética colocando-se ao lado dos pobres, criando uma cultura da solidariedade, engajando-se nos novos movimentos sociais.

Estar ao lado dos pobres. A fé cristã pode ter mostrado semelhanças externas com opções de marxistas na luta pela libertação dos pobres. Há, porém, entre ambas enormes diferenças, de modo que a crise do marxismo não infirma a opção cristã pelos pobres.

O marxismo, na sua melhor expressão, é um humanismo. Seu fundamento e sua motivação últimos radicam na concepção de ser humano. Salienta a dialética entre homem e natureza por meio do trabalho. O homem é fundamentalmente um ser-que-produz objetos, conferindo-lhes valor em relação à satisfação de suas necessidades. Bem diferente do animal. Ele pode modificar coisas e objetos. O joão-de-barro constrói com terra e água sua casa, no entanto, não cria valor. Ele segue a inexorável lei do instinto. O ser humano, pelo contrário, ao produzir, se autoproduz. O trabalho é a essência do homem. Ele é sua práxis enquanto é suas relações sociais, especialmente econômicas. E a motivação que move o marxista na sua luta é desalienar esse ser humano, que se faz estranho a si pelo trabalho no sistema capitalista. Sendo livre e consciente, vê-se submetido a uma situação histórica real, que se lhe apresenta como perda e alienação de sua pessoa. E a religião, para o marxista, serve para manter o ser humano na sua alienação.

O cristão é também um humanista. Paulo VI, ao falar na ONU, apresentava-se como porta-voz da humanidade. O humanismo do cristão pauta-se pelo mistério da criação e da Encarnação. A infinita dignidade do ser humano lhe vem por ser criado pela Trindade e por ter sua humanidade assumida pelo Verbo divino. Encontra aí motivação máxima para comprometer-se na luta pela dignidade dos pobres, para estar a seu lado. Além disso, Jesus Cristo fez-se pobre, conviveu com os pobres, para, a partir de bem baixo, poder elevar toda a humanidade. E a raiz definitiva da alienação do ser humano não reside nas suas relações sociais de trabalho, mas na ruptura com a última fonte de sua existência, Deus. As outras alienações decorrem desta e a traduzem em ações. O cristão entende que todas as libertações intermédias podem ser necessárias, mas ainda não suficientes enquanto o ser humano não encontrar a suprema reconciliação do amor a Deus e aos outros. De tal fonte primigênia mana a água cristalina que vai regar todas as outras libertações. Nesse sentido, o cristão pode assumir todas as lutas libertárias de não-cristãos, informá-las com novo espírito, dar-lhes a motivação mais profunda e, com isso, também introduzir modificações profundas nelas.

Verá o pobre com outros olhos. Já não simplesmente como um sujeito histórico revolucionário e somente como tal, mas como amado e predileto de Deus precisamente na sua maior fraqueza. Aquele pobre que nem serve para a revolução merece o mesmo ou maior amor e dedicação. Essa novidade escandalosa do Cristianismo lhe vem da maneira como Deus se revelou em relação aos pobres no Antigo Testamento e na pessoa de Jesus. Os interesses que aproximam o cristão do pobre são de outra natureza. Não exclui a força histórica dos pobres. Reconhece-a. Admira-a. Assume-a. Entretanto, vai mais longe. Também se interessa por outros pobres que não fazem parte dessa força nova da história. Isso significa que o critério de aproximação do pobre difere do militante. Numa palavra, a raiz, motivação, interesse, critério, determinação do pobre para o cristão lhe vêm da Revelação. E a partir daí discerne qualquer outra maneira de aproximar-se do pobre.

Dignidade cristã do pobre

Quando vires um pobre, não passes ao largo. Pensa antes o que serias tu em seu lugar. Que querias então que se fizesse por ti? Pensa que ele é livre como tu e participa de tua dignidade. Pensa em tudo o que possui em comum contigo. E, no entanto, a esse que não te é inferior em nada, valoriza-o com freqüência menos que teus cães: pois estes se fartam de pão enquanto o outro dorme com freqüência morto de fome. Assim resulta que alguém que é livre se vê mais desonrado que teus escravos. "Mas é porque estes não prestam nenhum serviço", dirás... E o que dirás se eu te demonstrar que esse pobre satisfaz a uma tua necessidade mais importante que todos os serviços que te prestam teus escravos? Esse pobre estará a teu lado no dia do juízo e te livrará do fogo eterno. Porventura algum de teus escravos poderia fazer algo semelhante? (S. João Crisóstomo, Homilia 50 sobre o Gênesis, *PG 54, 450: tirado de J. I. González Faus,* Vigários de Cristo. *Os pobres na teologia e espiritualidade cristãs. Antologia comentada, São Paulo, Paulus, 1996, p. 27).*

d) Criar uma cultura da solidariedade desde a fé

Somos um tecido existencial feito de desejos grandes e concretizações pequenas, sonhos longos e vigílias breves, de aspirações infinitas e realizações limitadas. Ora perdemo-nos nos discursos dos desejos grandes, dos sonhos longos, das aspirações infinitas, ora nos emaranhamos na pequenez de nossos feitos, concretizações e realizações.

A solidariedade é um grito maior que atravessa os oceanos, que vai para além do nosso presente. É também um conjunto de pequenas ações que tecem nosso cotidiano de fraternidade.

A mídia cumpre nesse campo missão singular. Sem ela nossas mentes e corações ficariam acanhados e presos ao torrão minúsculo de nossa aldeia ou ao momento de nosso presente. Ela rasga-nos os espaços. Podemos acompanhar no noticiário tanto o sofrimento dos irmãos da África que padecem de fome, miséria, exploração, quanto a ações solidárias do mundo inteiro para com o continente negro.

Conta-se que D. Hélder, antes de entregar-se às suas inúmeras vigílias de oração, gostava de compulsar os jornais e colher neles os fatos e sofrimentos da humanidade para, solidário, apresentá-los a Deus. Às vezes, nós, cristãos, esquecemos a força da solidariedade da oração e do jejum. Essa força não nos vem da publicidade, mas da certeza de que "a prova de ter fé está em esperar de Deus o impossível. O impossível do homem é o possível de Deus" (Peter-Hans Kolvenbach).

Além dessa solidariedade diante de Deus, podemos viver outras formas. Freqüentemente, seguem-se às situações de penúria e de catástrofe movimentos de socorro, quer através da oferta de dinheiro ou de outros bens, quer, em alguns casos, de voluntariado de ajuda. E aí há espaço para que coloquemos nossa pequena contribuição.

Em toda essa beleza de solidariedade, corre-se o risco de esquecer que o sofrimento, a miséria, a penúria flagelam nossos irmãos não unicamente nesses fatos acidentais mas acompanham-nos no dia-a-dia de muitas situações. Nesse sentido, há uma solidariedade que não devia ser acionada unicamente nessas situações de calamidade e emergência, mas que devia assumir a mesma constância e persistência que infelizmente afetam nossos irmãos necessitados no sofrimento. A solidariedade precisa deixar o campo do esporádico, do eventual, para entrar no "ethos" do nosso existir. Transformar-se em cultura.

Cultura

Nasce a cultura com o mandato inicial de Deus aos seres humanos: crescer e multiplicar-se, encher a terra e submetê-la (Gn 1,28-30). Dessa maneira, a cultura é o cultivo e expressão de todo o humano em relação amorosa com a natureza e na dimensão comunitária dos povos. Quando Jesus Cristo, na encarnação, assume e exprime todo o humano, exceto o pecado, então o Verbo de Deus entra na cultura. Assim, Jesus Cristo é a medida de todo o humano e portanto também da cultura. Ele, que se encarnou na cultura de seu povo, traz para cada cultura histórica o dom da purificação e da plenitude. Todos os valores e expressões culturais que possam dirigir-se a Cristo promovem o autêntico humano. O que não passa pelo Cristo não poderá ficar redimido (Conclusões de Santo Domingo, n. 228).

Quando falamos de cultura, entendemos essa teia de símbolos e sentidos com que representamos a vida. Ela perpassa nossas crenças, nosso código de convivência familiar e comunitária. Cria técnicas e estratégias de reprodução do trabalho. Ora, se a solidariedade se faz cultura, então os nossos olhos verão todas as coisas sob o seu prisma, as nossas ações serão alimentadas por esse espírito. E toda a sociedade se modificará.

Só a solidariedade consegue reverter o ciclo de morte e de solidão que o egoísmo e o individualismo da sociedade pós-industrial vêm preocupantemente gestando. Só ela rompe essa espiral do descaso, do indiferentismo, do ceticismo cínico dos privilegiados dos bens materiais diante dos pobres e carentes. Só ela consegue trazer um pouco de verdadeira paz e alegria profunda àqueles a quem pesa a desventura de ser venturoso no meio dos desventurados.

Reina uma cultura da competição. A resposta da fé cristã é criar a cultura da solidariedade. De novo, se é cultura, a solidariedade deve tecer nossas relações, dar sentido ao nosso agir, gestar um horizonte simbólico em que tudo o que é solidário se torna plausível, e a falta de solidariedade, anômala. Mudar a cultura da competitividade para a da solidariedade implica desfazer as estruturas de plausibilidade que justificam e protegem a lógica de guerra entre as pessoas, deslegitimando-as como caóticas, sem sentido, desumanizantes. É, pelo contrário, instituir a solidariedade como "*nómos*", "lei", ponto referencial de significado para nossas condutas humanas.

Há duas concepções de solidariedade em curso. Uma dentro do sistema atual, outra como alternativa. A solidariedade dentro do sistema procura encontrar remédios para as suas falhas. Não entra em questão, em momento algum, pensar um sistema alternativo. Vive-se uma espécie de esquizofrenia. De um lado, investe-se num sistema profundamente anti-solidário em suas leis, regras, interesses básicos. De outro lado, promovem-se ações solidárias. Dois movimentos dividem-nos. Queremos ajudar, ser solidários. Agimos no interior do sistema anti-solidariedade. Busca-se que todos tenham emprego e, ao mesmo tempo, despedem-se os empregados para diminuir a folha de pagamento. Defende-se o menos dotado e segrega-se-lhe na hora de escolher os funcionários. Poderíamos multiplicar ao infinito os exemplos. E tanto mais contraditória aparece tal prática quanto mais bonito é o discurso solidário. Empresas dirigidas por cristãos, obras sob a orientação do clero e de religiosos vivem ainda mais dramaticamente tal contradição.

Há outra concepção de solidariedade. Radical. Redefinem-se as regras e as finalidades da economia, do convívio social, do modelo e projeto de sociedade a partir da solidariedade. A solidariedade transforma-se em fim da economia, política, cultura. Julga-se que não há possibilidade de uma cultura da solidariedade no sistema neoliberal. Ele é intrinsecamente anti-solidário. Permite ações solidárias, mas nunca uma cultura solidária.

Evidentemente essas duas concepções de solidariedade fundamentam projetos opostos. A primeira concepção supõe que já se tenha um projeto próprio, criado independentemente da solidariedade. Pensa-se primeiro no projeto como tal. Depois, se faz a pergunta: como as ações solidárias poderão encaixar-se dentro dele? A solidariedade penetra os interstícios do projeto fundamental. É o que se pode fazer de imediato, vivendo em qualquer situação.

A segunda concepção é mais profunda e visa a um projeto a longo prazo. A solidariedade existe primeiro. Ela dita as regras do convívio humano. Começa-se então a estruturar a sociedade a partir dela. Ao ser cultura, influencia todos os rincões das relações humanas. Nada se pensa, se entende, se faz símbolo, sem referir-se à solidariedade. É a utopia das utopias. É o para-onde sedutor que pode mobilizar nossas energias durante toda a vida. Tarefa interminável enquanto vivermos na realidade humana, em que o pecado original se chama egoísmo.

Essa construção não se faz no vazio e nem começa conosco. Há já movimentos solidários que solicitam nossa colaboração. Eles estão aí e podem oferecer espaços para a vivência de nossa fé cristã. São fundamentalmente os novos movimentos sociais.

De onde vêm as alternativas?

Os grupos alternativos à diferença dos anos 60 não só aglutinam estudantes e intelectuais, não só os puros excêntricos ou ativistas radicais isolados; antes atingiram já o estádio de um amplo movimento de massas com os quais se tem de contar politicamente.

Os novos questionamentos e exigências, portanto, não provêm já de um "cenário alternativo" marginal, mas sim do coração de nossa sociedade (também dos círculos dos bem situados e dotados), a saber, são produzidos — e devem por isso mesmo ser enfrentados — por todos nós e, em especial, pelos dirigentes... O movimento alternativo atual foi preparado desde os anos 60 para cá por seis grandes movimentos sociais da América e Europa: o movimento dos direitos humanos (igualdade de direitos de todos os cidadãos), o movimento do bem-estar social (crítica das instituições sociais criadoras de dependência), o movimento antibélico (exigência de uma política exterior nova, menos militante); em seguida, o movimento feminista (contra o predomínio masculino, a favor de uma nova autocompreensão da mulher), o movimento de defesa dos consumidores (Naderismo) e, finalmente, o movimento de proteção do meio ambiente, a que se acrescenta o extraordinário incremento dos grupos de auto-ajuda psicológico-terapêutica (H. Küng, ¿Vida Eterna? Respuesta al gran interrogante de la vida humana, Madrid, Cristiandad, 1983, p. 305s).

e) Os movimentos sociais alternativos

A fé do cristão é vivida no coração da história. Hoje assistimos ao surgir de movimentos alternativos. Eles aglutinam as pessoas mais diversas, desde intelectuais sofisticados até pessoas simples, estudantes e profissionais, crentes e não-crentes. Nascem de dentro da sociedade. Intencionam atuar dentro dela para transformá-la.

Há um gigantesco movimento de defesa dos direitos humanos. Se se quer, sua origem remonta aos ideais da Revolução Francesa. Lá era o ideal da classe burguesa. Hoje é reivindicação de todos. No início, vivia-se uma situação paradoxal. O leviatã que ameaçava a todos era o Estado absolutista do Antigo Regime. Situação, portanto, histórica, concreta. Para livrar-se de suas garras buscavam-se fundamentos numa realidade anterior ao Estado. Só podia ser a essência e natureza humana. Por isso, falava-se de direitos humanos naturais e universais, isto é, direitos essenciais de todo ser humano, cuja clareza devia aparecer a toda razão humana e assim adquiria um valor universal para todos os homens de todos os tempos. A Revolução Francesa, em forma sintética, expressou tais direitos com as três palavras: liberdade, igualdade e fraternidade.

Essa visão estava por demais ligada ao indivíduo, defendendo-o dos arbítrios do Estado. Não se afirmavam ainda os direitos sociais e esquecia-se de que o Estado pode, em certos casos, ser um defensor do indivíduo mais fraco e menos protegido. Evoluiu-se para um conjunto de Direitos Humanos em que se contemplaram os individuais e sociais. Tal conjunto configurou a famosa *Declaração Universal dos Direitos Humanos* da ONU, de 1948. O movimento da defesa dos Direitos Humanos leva em consideração essa nova formulação mais ampla. Ela situa-se muito próxima da pregação evangélica.

Cabe à fé nesse movimento manter acesa sua dupla dimensão profética. Isso significa prosseguir na denúncia de toda violação contra as liberdades individuais e contra os direitos sociais, mas também supõe um passo à frente: pensar alternativas sociais em que tais direitos são mais bem respeitados. Criar espaços sociais em que as pessoas tenham todos os seus direitos respeitados é exigência indeclinável da fé.

Os avanços sociais incorporados pelo neocapitalismo do Estado do bem-estar social encontram-se hoje altamente ameaçados. Mais. Em alguns casos, as conquistas sociais foram negadas, tanto em países do Primeiro como do Terceiro Mundo. Daí a urgência e relevância do movimento do bem-estar social na sua crítica ao neoliberalismo privatizante.

A guerra, a droga armada, a violência urbana ameaçam a paz das cidades. O movimento pacifista tem assumido a causa do desarmamento em toda sua amplitude. O ideal é abolir definitivamente a indústria armamentista de maneira que nenhuma violência possa ser nutrida. Outro espaço social é viver a fé que acredita num Jesus que preferiu sofrer a violência a causá-la. Venceu-a com sua morte na cruz.

Cresce o movimento feminista, que já tem atrás de si uma história. Fazem-no recuar à primeira metade do século passado, durante a luta das mulheres pela igualdade de direitos civis. Hoje se avançou muito mais. A crítica vai mais fundo. Põem-se em questão os esquemas e estruturas sociais machistas, androcêntricos, patriarcais. Não se trata simplesmente de igualdade nem de complementaridade, mas de singularidade e originalidade tanto da mulher quanto do homem.

Desloca-se para o gênero o que antes se via sob o aspecto biológico. O singular e o original não se somam nem se substituem, mas cada um marca sua presença única e insubstituível. A mulher não vem completar o que falta ao homem ou vice-versa. Ambos são totalidades originais e próprias. E estão entre si relacionados de tal maneira que a mudança da autocompreensão de um implica a do outro. E como gênero está de tal forma impregnado pelo lado cultural, tanto na sua positividade quanto na sua negatividade, é de se esperar que, com o movimento feminista, a relação masculino-feminino assuma sempre novas expressões.

A teologia feminina vem ajudar o cristão a pensar tal relação à luz de sua fé, pois o cristianismo herdou forte corte machista do judaísmo e tem pagado tributo pesado nesse sentido. No entanto, Jesus revoluciona a relação com as mulheres, incluindo-as no seu seguimento próximo. Confia-lhes por meio do anjo a missão de transmitir aos apóstolos a notícia de sua ressurreição (Mc 16,7). Mesmo S. Paulo, que parece ter uma atitude antifeminista, afirma categoricamente que "já não há judeu nem grego, nem escravo nem livre, nem homem nem mulher, pois todos vós sois um em Cristo Jesus" (Gl 3,28). É afirmação de ousada liberdade que pode alimentar a fé cristã na construção de novas relações entre homens e mulheres e entre o feminino e masculino dentro de cada um de nós.

Mais que proteger o ambiente, o movimento ecológico pretende criar nova mentalidade nas pessoas. O Ocidente desenvolveu-se embalado pela visão prometéica de que ao ser humano foi confiado o domínio absoluto e despótico sobre a natureza. Criou-se perigoso descompasso entre o ritmo da natureza e o ritmo do homem. Aquele tem a lentidão dos astros; este, o frenesi de seus desejos. O resultado tem sido catastrófico, com a destruição da natureza e com o desequilíbrio interior do homem, que acordando do susto que a evidência da devastação tem causado no meio ambiente, começa a pensar mais profundamente a sua relação com todo o cosmo.

Pesa sobre a tradição judaico-cristã a suspeita de que ela, com suas Escrituras, tenha criado esse homem moderno delapidador. Por isso, cabe-lhe repensar a fé noutra perspectiva. Em vez de dominação, aliança. J. Moltmann sugere a leitura da passagem do Gênesis em que se funda o domínio do homem sobre a terra, não a partir dos dias da criação, mas do sábado. É o repouso sabático, contemplativo, que fornece a chave de leitura para o trabalho, a transformação da natureza. Além do mais, o cristão tem condições com sua fé bíblica de perceber mais claramente a presença do Espírito de Deus na criação. Dessa maneira, o cristão poderá superar uma dessacralização do mundo que o faz mero objeto de sua ação transformadora. Reencontra uma sacralidade, não primitiva, mas teológica, que lhe dará nova consciência ecológica.

Imanência de Deus no mundo

A era da subjetividade e do domínio mecanicista do mundo chegou aos limites definitivos através da contínua destruição da natureza pelas nações industriais e pela crescente auto-ameaça da humanidade por meio do armamento nuclear. Nesses limites existe somente ainda uma alternativa realista à destruição universal: a comunhão ecológica universal, não-violenta, pacífica e solidária...

Uma doutrina ecológica da criação implica um novo jeito de pensar sobre Deus. Não mais a diferenciação entre Deus e o mundo está no seu centro, mas o reconhecimento da presença de Deus no mundo e da presença do mundo em Deus... Sem abrir mão [da diferenciação veterotestamentária entre Deus e mundo], uma doutrina ecológica da criação precisa, hoje, atentar para e ensinar a imanência de Deus no mundo. Assim, ela não se desvia das tradições bíblicas; pelo contrário, retorna à sua verdade original: o Deus criador do céu e da terra está presente em cada uma de suas criaturas e na comunhão da criação através de seu Espírito cósmico. "A presença de Deus penetra todo o universo. Deus não é somente o criador do mundo, mas também o Espírito do universo" (J. Moltmann, *Doutrina ecológica da criação. Deus na criação*, Petrópolis, Vozes, 1993, pp. 31-33).

Resumindo

• *A fé tem uma permanente dimensão interpretativa. Ela quer responder às perguntas que os fiéis se fazem nos diferentes contextos sociais. O cristão latino-americano levantou, no final da década de 1960, uma questão que o persegue até hoje: como ser cristão num continente de tanta injustiça social?*

• *Essa pergunta passou por momentos diferentes de gravidade e repercussão. As décadas de 1960 e 1970 foram marcadas por turbulências sociais. Aconteceu gigantesca tomada de consciência da situação de pobreza da América Latina, já não mais como um dado natural, mas como fruto de opções políticas. Se a miséria das massas é gerada e mantida pelo sistema sociopolítico, a sua erradicação implica necessariamente modificações nesse campo. O cristão percebeu que ele está dentro desse jogo. Por isso, a sua fé cristã viu-se muito exigida na sua dimensão profética e social.*

• *Com a queda do socialismo, houve rarefação ideológica, queda do teor utópico e maior acomodação. A onda libertária perdeu fôlego. No entanto, a situação dos pobres não melhorou. Mais uma vez, a fé cristã é convocada a desempenhar seu papel profético. Já não é mais a mesma das décadas anteriores.*

• *Em relação ao neoliberalismo, cabe à fé cristã desmascarar a sua pretensão científica de vitória sobre o socialismo. A vitória não pode ser analisada a partir dos vencedores, mas dos derrotados. Essa proximidade aos crucificados do mundo faz o cristão mais lúcido sobre os engodos neoliberais.*

• *A fé cristã tem uma dimensão de anúncio. Defronta-se no momento atual com o clima da morte da utopia. Resiste a acomodar-se a tal atmosfera por causa de sua dimensão escatológica, de esperança. Toca-lhe alimentar o espírito utópico para que não morra numa sociedade já fadada a viver sem sentido, entregue ao presentismo.*

• *O cristão compreende a fidelidade à sua fé como um colocar-se ao lado dos pobres. E nessa opção introduz novidades ao privilegiar a dimensão cultural da pobreza, vendo-a como proximidade com a morte. E sua práxis será toda orientada para tudo o que gere vida.*

• *Já não bastam soluções tópicas. Faz-se mister criar uma cultura da solidariedade. E aí está um dos maiores desafios do cristão latino-americano: ser solidário numa cultura individualista, anti-solidária.*

• *O cristão não está só. Existem no mundo grandes movimentos sociais que se nutrem de um humanismo solidário: movimento de defesa dos direitos humanos, pacifista, feminista, ecológico e outros. Essas serão as novas alianças que o cristão construirá no fundo, abandonando as oligarquias e burguesias que não são capazes de nenhuma mudança maior.*

Perguntas para reflexão e partilha

1. Em que pontos a compreensão do pobre tem-se modificado nas últimas décadas?

2. Consigo perceber na vivência de minha fé cristã a dimensão da libertação?

3. Como nossa prática pastoral pode colaborar na criação da cultura da solidariedade?

Bibliografia complementar

BOFF, C. & BOFF, L. *Da libertação;* o sentido teológico das libertações sócio-históricas. 3. ed. Petrópolis, Vozes, 1982.

GUTIÉRREZ, G. *Onde dormirão os pobres?* São Paulo, Paulus, 1998.

CONCLUSÃO

Uma teologia fundamental na América Latina tem suas exigências próprias. Pretende oferecer uma base para que possamos crer com lucidez nesse momento histórico desafiante. No *capítulo I*, fez-se uma sondagem preliminar para ver que caminho tomar nesse estudo. À primeira vista, poderia parecer mais lógico começar falando da Revelação que nos é proposta como projeto salvífico da parte de Deus. Durante muito tempo, a preocupação dos cristãos consistia em conciliar as tensões internas na maneira de formular a fé. Como Deus pode ser uno e trino? Como Jesus sendo Deus pôde morrer? Investiu-se muito nesse tipo de teologia fundamental esclarecedora das verdades inquestionáveis, mas nem sempre percebidas com clareza.

A modernidade e a Reforma protestante trouxeram abalos profundos. Foram elas que forçaram realmente a criação de uma teologia fundamental que justificasse a fé diante das perguntas que levantaram. Estas brotaram das novas questões científicas, de uma compreensão mais livre e independente da razão humana e do afã de encontrar nas experiências pessoais ressonâncias dos ensinamentos da fé. Foi necessário ir aos fundamentos da fé. E isso foi feito de diversas maneiras, configurando assim diferentes teologias fundamentais. No Primeiro Mundo, coube à teologia entrar em diálogo com as ciências e com a maneira moderna de entender a realidade, interpretando a Revelação para esse novo momento cultural. Trabalho ingente que encontrou no Concílio Vaticano II sua aprovação e ratificação oficial e solene.

No Terceiro Mundo, a gravidade das perguntas vinha da situação de injustiça social num continente cristão. Floresceu então uma teologia fundamental ligada à prática e à libertação dos pobres. Esta situação, porém, está a mudar por força do surto da subjetividade. Por isso, começamos o percurso da fé, no *capítulo II*, refletindo sobre a construção da fé em articulação com uma subjetividade tentada a fechar-se em si mesma. Sugerimos um caminhar em que ela se construa em confronto com a história, a sociedade e o cosmos.

Em seguida, no *capítulo III*, pusemos a pergunta de como crer num mundo de extrema religiosidade. Isso porque, nesta última década do século e milênio, a conjuntura modificou-se profundamente. Em vez da secularização a-religiosa, emergem movimentos religiosos por todas as partes. A pergunta da fé modifica-se: como crer num mundo de tantas crenças sem cair na alienação do religioso, como também sem repetir os esquemas marxistas reducionistas?

Muitos fatores socioculturais estão provocando uma crise da razão moderna, que até agora reinava absoluta. No *capítulo IV*, abordou-se o clássico problema da fé e razão. A crise da razão poderia parecer uma vitória da fé, da dimensão do ser humano que não permite ser reduzida à racionalidade funcional. Mas não. João Paulo II recorda os enormes riscos para a fé decorrentes do enfraquecimento da razão e também para a razão quando esta se afasta da fé.

O *capítulo V* apontou os caminhos da fé cristã que quer testemunhar sua originalidade. Esta aparece na articulação entre decisão da liberdade e graça de Deus. A fé é obra da graça de Deus. Aprofundando a dimensão de graça, somos remetidos à fonte última de toda fé: a Trindade. O ser humano foi criado pela Trindade e elevado a uma comunhão com a mesma para poder viver na ordem da graça. Por isso, debate-se com o pecado do egoísmo, do individualismo em vista de viver a sua fé comunitariamente.

A maneira de viver a fé comunitária faz-se dentro da comunidade de quem recebe a fé. As provocações hoje são extremamente dispersivas e contraditórias. De um lado, os recursos da comunicação permitem que se comungue com qualquer pessoa sem limite de tempo e espaço. Por outro lado, porém, a comunicação virtual pode ser terrível esconderijo de egoístas frustrados. A fé cristã não aceita uma vivência virtual como condição permanente. A fé se recebe na comunidade, e nela se transmite como cultura. A Igreja faz parte do próprio objeto de fé, ao fazer parte do projeto salvador de Deus, objeto primeiro e fundamental da fé. Encontra-se no início e no final do processo da fé a própria Trindade que nos cria e nos convida a ser comunidade de fé.

A fé cristã é pessoal, eclesial-comunitária e histórica. Ela se refere à acolhida do grande Projeto salvador de Deus que encontrou no Antigo Testamento sua fonte. Hoje tem crescido a sensibilidade entre os cristãos a respeito de sua vinculação com a fé de Abraão, nosso pai na fé. A fé cristã trabalhou em duplo registro: continuidade e ruptura. No *capítulo VI*, foi-se ao coração mesmo da fé cristã. Ela gira em torno de Jesus Cristo. Como judeu, viveu a fé veterotestamentária e a passou para seus discípulos. Afirma o "*shemã*" de Israel.

Na sua vida, pregação e práxis, a fé cristã toma distância em muitos pontos do judaísmo. O Cristianismo teve que haver com judaísmo, evitando os extremos da ruptura abrupta e do puro continuísmo sem a originalidade da pessoa divina de Jesus e do Espírito Santo. A fé cristã perseguiu durante séculos uma compreensão de Jesus que não lhe diminuísse a divindade, mas também que não negasse a humanidade. Síntese que conseguirá no grande Concílio de Calcedônia. Hoje vivemos outra conjuntura cristológica. Corre-se o risco de que a pessoa de Cristo se torne mítica, sem história, entregue às interioridades das pessoas. O Cristo da Nova Era. A fé da Igreja latino-americana tem a reserva do Cristo libertador que permite enfrentar o esvaziamento do Jesus da história.

A fé cristã é compromisso com a Revelação, que atinge sua plenitude na pessoa de Jesus. Essa Revelação foi consignada em livros cuja autoria de Deus era reconhecida pelo povo de Israel e pela comunidade primitiva. Os redatores humanos dos livros foram inspirados pelo Espírito Santo para redigi-los. A Sagrada Escritura é a fonte cristalina na qual a Igreja bebe sua fé. No *capítulo VII*, procuramos ir fundo nessa importância da Escritura para o fiel e para a comunidade eclesial, vendo que tal Escritura se vive, se entende dentro da Tradição de fé da Igreja. Na Tradição, a Escritura encontra sua inteligibilidade, mas também oferece à Tradição os critérios de interpretação. Tanto mais importante se torna essa questão da Tradição quanto maior tem sido a sensibilidade da Igreja para tradições religiosas não judaico-cristãs. A questão da Tradição cristã e das outras grandes tradições religiosas foi apenas assinalada.

A nossa reflexão procurou estar bem colada à realidade sociorreligiosa de um continente de tanta injustiça social. Sair com luzes e propósitos de viver a fé cristã lucidamente nesse contexto foi a proposta principal desse itinerário que percorremos. A cada passo, procuramos um pouco de luz para no final ter uma visão mais ampla da complexidade do "crer na América Latina". O *capítulo VIII* contemplou principalmente essa questão. Os outros livros da coleção virão lançar luzes sobre os mais diversos rincões da fé. Aqui iniciamos a viagem. Agora, é só prossegui-la. Boa viagem!

VOCABULÁRIO

Alargamento da consciência: processo de elevação da consciência a nível superior de captação da realidade por um conjunto de métodos, práticas e experiências específicas.

Antigo Regime: regime social e político da Europa Ocidental do século XVI até a Revolução Francesa (1789), quando se aboliram os privilégios feudais.

Apocalíptico: refere-se à consumação final desse nosso mundo e história, a acontecer de modo abrupto.

Apologética: significa uma função ou meramente justificativa da própria fé (apologética moderna) ou também uma dimensão defensiva e refutatória (apologética clássica).

Areópago: colina de Atenas em que o Grande Conselho de Atenas e se reunia diante do qual S. Paulo pregou (At 17,16-34).

Arianos: grupo herético que segue a doutrina de Ario († 336), segundo a qual o Filho Jesus Cristo é uma pura criatura e não da mesma natureza do Pai.

Astrofísica: a parte da física que estuda a constituição física e química dos astros, baseada na análise espectroscópica.

Auschwitz: cidade hoje situada na Polônia que tristemente se celebrizou pelo terrível campo de extermínio, sobretudo de judeus, construído pelos nazistas durante a 2ª Guerra Mundial (1940).

Auto-erotismo: processo de busca do próprio prazer, em geral, sexual.

Autonomia: consistência de uma realidade que não a recebe de outro.

Big-bang: explosão que dá início ao gigantesco processo de expansão do universo.

Buda: ou Siddharta Gautama (563-483) está na origem do sistema ético, religioso e filosófico do budismo, que apresenta um caminho de perfeição.

Budismo: movimento religioso que se refere à experiência e aos ensinamentos de Buda. Separou-se da religião mãe, o hinduísmo, reinterpretando-lhe muitos elementos.

Carisma: adquiriu um sentido amplo no fenômeno religioso para designar experiências de natureza espiritual, livre, espontânea, fora da esfera da instituição.

Caso Galileu: é o processo de condenação de Galileu Galilei pelo fato de ele defender a teoria do heliocentrismo que, então, parecia pôr em questão a inerrância da Escritura.

Cepticismo: posição filosófica que nega que se possa chegar ao conhecimento de verdades indubitáveis.

Cisma do Oriente: separação de parte da Igreja do Oriente da Igreja de Roma, no século XI (1054), iniciada por Miguel Cerulário, com a conseqüente rejeição do primado do Papa.

Código genético: conjunto de genes nucleares responsáveis pela transmissão dos caracteres hereditários e localizados nos cromossomos.

Concílio da Latrão (1215): o IV Concílio de Latrão aberto por Inocêncio III teve três sessões em que se condenaram as idéias de Joaquim de Fiore; tratou-se da eucaristia; impôs-se a obrigação da comunhão pascal anual; foram dadas orientações para a Inquisição e votadas outras disposições.

Consciência planetária: é a percepção de fazer-se parte do planeta Terra para além de sua região.

Conscientização: processo pedagógico de cunho político que possibilita às pessoas tomarem consciência de serem cidadãos livres, sujeitos de direitos e deveres individuais e sociais.

Cosmologia moderna: teoria que oferece a compreensão do cosmo a partir das novas teorias da relatividade e da física quântica.

Cristandade: período da história da cultura em que a fé católica foi o ponto de referência para todas as esferas do saber e do poder.

Cristo cósmico: Logos solar, Cristo-energia: no contexto da Nova Era, essa figura de Cristo se distancia do Jesus da história, que viveu na Palestina, para tornar-se uma figura mítica ligada ao cosmo e à interioridade das pessoas.

Dêutero-Isaías: corresponde à segunda parte do livro de Isaías (cc. 40-45), escrita por outro autor e em tempo diferente da primeira parte (séc. VI), refletindo a derrota dos babilônios e a proximidade da libertação dos israelitas exilados na Babilônia.

Diáspora: termo empregado por K. Rahner, calcado na experiência de Israel de viver em minorias no mundo inteiro depois da destruição de Jerusalém (70 d.C.), para exprimir a experiência da Igreja de ser minoria em antigas regiões de cristandade.

Docetismo: heresia que reduzia a humanidade de Cristo a uma aparência.

Ecletismo: processo religioso pelo qual uma religião assume elementos de outras procedências religiosas.

Ecologia: é o estudo do relacionamento (interdependência e interação) de todos os sistemas vivos e não vivos entre si e com o seu meio ambiente.

Engenharia genética: abarca ramos da manipulação genética molecular e celular.

Epistemologia: é a parte da filosofia que estuda a própria natureza do conhecimento.

Escatologia: refere-se a uma realidade que já está presente neste mundo, mas que, ao mesmo tempo, o ultrapassa e cuja realização plena se dará na vida do além.

Esoterismo: é uma doutrina e maneira de agir fundada sobre uma Tradição primordial que teria sido comunicada aos homens desde o início de modo velado e a que se tem acesso ao longo da história pela intuição e iluminação, geralmente vivenciadas em grupos fechados.

Espírito (comunitário) gregário: estar ou viver em comunidade movido por mecanismos inconscientes de defesa.

Estado absolutista: sistema político no qual o poder se concentra nas mãos do soberano e que vigorou entre os séculos XVII e XVIII na Europa Ocidental com as monarquias absolutas.

Estrutura neurótica: traços da personalidade que revelam um proceder com motivações inconscientes e diferentes das pretendidas.

Êxtase: é uma saída de si provocada por uma comunicação com o mundo divino.

Fideísmo: posição condenada pelo Concílio Vaticano I, segundo a qual a fé renuncia o esforço racional de sua justificativa.

Fim da história: título do livro de F. Fukuyama no qual ele defende a tese de que a democracia liberal americana, depois da queda do sistema socialista, significa a demonstração de ser o único regime viável e, sob esse sentido, é o fim da história.

Formas religiosas pseudocristãs: expressões que se vestem de elementos cristãos, mas negam o ponto central da divindade de Jesus Cristo.

Fundamentalismo: posição doutrinal que se baseia na interpretação literal da Sagrada Escritura ou do texto fundante da respectiva religião.

Globalização: fenômeno pelo qual se ultrapassam as fronteiras geopolíticas pela dinâmica do capital, mercado e meios de comunicação social.

Glossolalia: o dom de falar em línguas.

Gnosticismo: posição que defende um conhecimento acessível a pequeno número de iniciados na captação da face oculta e secreta das coisas graças a uma iluminação vinda de cima, experimentada como garantia da certeza da salvação.

Gulag: abreviação, em russo, de *Direção Geral dos Campos,* que eram verdadeiros campos de concentração e de trabalho forçado da antiga União Soviética.

Hare Krishna: invocação que deu o nome ao movimento cujo objetivo é propagar no mundo inteiro os princípios de espiritualidade hindu.

Hedonismo: atitude de vida que coloca o prazer como categoria central de compreensão e ação.

História da Salvação: em sentido amplo, é toda a história humana considerada sob o prisma da salvação; em sentido restrito, é o desenrolar de acontecimentos para os quais há uma Palavra revelada indicando-lhe o sentido. Considera-se Abraão seu início e Jesus Cristo sua plenitude. Há várias expressões sinônimas: ordem, plano, desígnio, projeto, economia.

Humanismo moderno: concepção do mundo e da existência que tem por centro o homem entendido na sua condição de autonomia, de liberdade, de consciência.

Ícone: vem do grego *"eikon"* e significa imagem, forma, que na arte bizantina encontrou expressão típica.

Idade Média: período da história que se situa entre a cultura clássica antiga e o renascimento, a saber, entre os séculos V e XV.

Ideologia neoliberal: é o ideário que orienta os interesses do sistema econômico capitalista na sua forma atual.

Idolatria: é atribuir a uma criatura o culto unicamente devido a Deus.

Igrejas pentecostais e neopentecostais: igrejas ligadas aos movimentos pentecostais que insistem na experiência espiritual seguida à conversão e nos sinais visíveis do dom do Espírito, especialmente do dom de falar em línguas.

Imaginário religioso: universo simbólico de conteúdo religioso em referência ao qual as pessoas, em dado momento, se situam, se entendem, se relacionam religiosa ou mesmo culturalmente.

Imanência: opõe-se à Transcendência para significar o mundo estritamente criado.

Informática: ciência que trata da construção e utilização de técnicas, sistemas, metodologia e procedimentos usados para a obtenção de informação.

Israel: nome dado a Jacó; tornou-se também o nome do povo que descende de Jacó ou simplesmente dos cidadãos do reino do Norte; hoje é o nome civil do território judeu na Palestina.

Júbilo messiânico: é aclamação de alegria que Jesus faz de ver como o Pai revelou seu plano de salvação aos mais pequenos.

Krishna: é o mais importante avatar (descida de Deus ou teofania) e o alvo da mais extraordinária das lendas do folclore religioso hindu.

Leviatã: monstro da mitologia fenícia, aplicado por Thomas Hobbes ao Estado na sua obra desse nome (1651).

Magia: arte ou ciência oculta com a finalidade de manipular formas sobrenaturais em vista de produzir fenômenos extraordinários, contrários às leis da natureza.

Maomé: profeta, místico e asceta, fundador do islamismo (570-632), que escreveu no Alcorão suas revelações.

Mediático: neologismo originado de "media", forma abreviada de meios de comunicação social, que exprime relação com esse mundo da mídia.

Meditação transcendental: recolhimento e concentração sobre o fundo interior de si, usando certos métodos e meios, e procurando viver a experiência da presença do Todo em tudo, ao abrir-se à iluminação de um conhecimento superior.

Messias: termo hebraico, cujo corresponde grego é "*Christo*", significa o personagem que o Povo de Israel esperava para salvá-lo de sua situação de dominação.

Metafísica clássica: é a doutrina do ser que considera todo ente desde o ponto de vista do ser, indagando-lhe a essência, as propriedades e as leis.

Milenarismo: expressão oriunda de uma passagem de sentido obscuro do livro do apocalipse (20,6), que veio a significar todos projetos e sonhos de instaurar na terra um reino perfeito e definitivo.

Mito: relato de origem remota e significação simbólica que tem como personagens deuses, seres sobrenaturais, heróis, que refletem experiências humanas pessoais e coletivas profundas.

Modernidade: fenômeno cultural que se caracteriza pela mudança da imagem do mundo marcada pelo caráter sagrado, fixista e teocêntrico para uma imagem evolucionista, histórica e centrada no ser humano.

Monofisismo: posição que defendia que Jesus Cristo praticamente só tinha uma natureza, a saber, a divina, negando-lhe à humanidade sua verdadeira realidade.

Montanismo: movimento religioso da virada do século II, iniciado por Montano, que se propagou na Frigia, numa forma religiosa exaltada, cercada de êxtases, glossolalia, profecias, milenarismo, ritos penitenciais, atraindo muitos espectadores e fiéis.

Morte da ideologia: expressão que exprime a suposição de que a ciência é neutra e, por isso, supera definitivamente a ideologia.

Morte da utopia: título do livro de H. Marcuse no qual ele demonstra que a tecnologia moderna, com suas gigantescas potencialidades, significa a morte dos sonhos utópicos, ao torná-los já realizáveis.

Narcisismo: atitude psicológica em que a pessoa orienta seus desejos para si mesma.

Neoconservadorismo: onda conservadora que invade a sociedade e a Igreja depois de um período de liberdade, criatividade e compromissos sociais em décadas anteriores.

Nómos: termo grego que significa "costumes com força de lei", empregado para indicar um ponto referencial firme para o agir cultural.

Norma normans: expressão latina para dizer que as Sagradas Escrituras são o princípio normativo de todos os outros princípios normativos.

Nova Era: nova época em que o espírito humano terá acesso à consciência holística (total), à dimensão planetária e cósmica num mundo de paz e harmonia com a chegada da Era de Aquário.

Ortodoxia: a doutrina reta, estabelecida pelos órgãos oficiais de uma instituição.

Padres da Igreja: são escritores cristãos dos sete primeiros séculos que sobressaíram pela santidade, ciência e governo das Igrejas.

Pós-modernidade: momento que se segue à crise da modernidade, anunciando outra concepção das relações fundamentais do ser humano, baseadas fundamentalmente na valorização da subjetividade, da afetividade e da fruição.

Práticas pararreligiosas: ações que, embora não sejam de natureza religiosa, se vestem de características religiosas.

Práxis: o conjunto das ações humanas que, iluminadas por uma teoria, visam à transformação da realidade social.

Princípio darwiniano: é o princípio que estabelece a vitória da espécie mais forte sobre a mais fraca.

Processo de individuação: processo ideal de maturação psicológica do ser humano que se inicia na situação de simbiose — identidade com a mãe — até a consciência e liberdade de um "eu" diante do outro, "tu".

Prometeu: figura mítica que simboliza o poder do ser humano de dominar a realidade.

Psicologia transpessoal: psicologia que deseja ir mais além do desenvolvimento e realização do indivíduo para abrir-lhe um caminho que transcende, graças ao recurso da experiência mística, êxtase e meditação.

Puebla: III Conferência Geral do Episcopado Latino-americano, reunida na cidade de Puebla de los Ángeles, México, em 1979, em que se traçaram orientações pastorais para todo o continente, consignadas no documento *"A evangelização no presente e no futuro da América Latina"*.

Querigma: termo grego que significa "anúncio" e é usado para expressar o "anúncio" do "evento da Boa-Nova", em contraposição ao termo "dogma", que exprime antes a dimensão doutrinal.

Racionalismo: postura intelectual que atribui à razão a compreensão total da realidade.

Razão iluminista: a concepção que a Ilustração filosófica tem da razão: autônoma, analítica, instrumental.

Reducionismo da razão moderna: processo pelo qual a razão iluminista, sobretudo instrumental, se identifica com a razão sem mais, excluindo toda outra forma de razão.

Reencantamento: redescoberta da sacralidade do mundo depois de um processo de cientifização do mesmo.

Reencarnação: crença no fato de o espírito humano reassumir novos corpos depois da morte numa perspectiva de expiação e auto-redenção.

Religiões xamânicas: religiões em que a figura do xamã é central, isto é, um mestre místico do êxtase, que facilita às pessoas a viagem a seu subconsciente por meio de técnicas e o contato com o mundo dos espíritos.

Reverso da história: expressão usada para chamar a atenção para os efeitos negativos do atual desenvolvimento dos países ricos nos países pobres.

Secularismo: término extremado do processo de perda de toda dimensão religiosa.

Semitismo: estrutura lingüística de origem semita que se faz presente em outras línguas.

Sensus fidei: uma percepção intuitiva, pelo dom do Espírito, em relação ao que está de acordo com a fé.

Sensus fidelium: a percepção verdadeira que o conjunto dos fiéis tem, pelo dom do Espírito Santo, do que é pertinente à verdadeira fé.

Sinai: um dos dois nomes (Horeb é o outro) que os israelitas deram ao monte em que Deus apareceu a Moisés e concluiu com Israel a aliança.

Sinais da Revelação: indícios humanos que tornam razoável acolher uma Revelação, e que podem ser externos à pessoa (ex. milagre) ou internos (ex. inspiração interior) a ela.

Sinópticos: termo grego que significa "visão conjunta", aplicado aos três evangelhos — Marcos, Mateus e Lucas — por terem uma estrutura básica comum.

Socialismo: concepção de sociedade baseada na propriedade social dos meios de produção e distribuição, numa planificação feita pelo Estado, caminhando para a supressão das classes.

Socialismo real: refere-se aos países que tentaram realizar historicamente o socialismo.

Socialização: processo psicossocial por que passa o ser humano de inserção numa cultura, apropriando-se de seus elementos.

Sociedade burguesa: organização social das classes, dirigida e dominada pelas classes que detêm os meios de produção.

Sola Scriptura: expressão latina "só pela Escritura", que exprime de maneira simples uma das intuições da Reforma, a saber, o ensinamento de que a Escritura é auto-suficiente e torna-se por si mesma clara sob a ação do Espírito, dispensando o magistério e a Tradição.

Tecnologia: estudo científico da técnica; às vezes se identifica com técnica: a utilização de instrumentos e métodos específicos que visam à obtenção de determinados resultados.

Teologia escolástica: teologia dominante na Alta Idade Média, que assumiu categorias da metafísica de Aristóteles para exprimir conceitualmente as verdades da Revelação.

Teoria da dependência: tenta explicar a situação de subdesenvolvimento do continente latino-americano sem recorrer às categorias desenvolvimento/subdesenvolvimento, que conotam uma visão linear entre os países ricos e pobres, mas às categorias de dependência/libertação, que refletem uma relação dialética de dependência com a necessária libertação entre os países ricos e pobres.

Tradicionalismo: posição condenada pelo Concílio Vaticano I, segundo a qual a fé se remete a uma tradição primordial e não a uma Revelação.

Transcendência real: o Ser infinito e divino, criador de todo ente finito.

Utopia: realidade imaginada, positiva e possível, que não tem ainda lugar na história; por isso, se torna princípio motor de ação em vista de sua realização.

Virada antropocêntrica: diz-se do momento da cultura em que se substitui a Deus pelo ser humano como o centro de compreensão da realidade.

SUMÁRIO

APRESENTAÇÃO DA COLEÇÃO	5
INTRODUÇÃO	9
CAPÍTULO I. PONTO DE PARTIDA	11
1. Olhando para as diferentes situações	11
2. A teologia fundamental: pensar os fundamentos da fé	14
3. Girando a perspectiva	16
4. Superando os impasses da modernidade	18
CAPÍTULO II. A CONSTRUÇÃO DA FÉ	21
1. Entre o dom e a obra	21
1.1. O medo da liberdade	22
1.2. Um primeiro passo da consciência de sujeito	23
1.3. O segundo surto da subjetividade	26
1.4. Em busca de um terceiro momento	27
2. A recuperação da dimensão social	28
3. A recuperação da história	30
4. A recuperação do cosmo	32
5. A fé integradora da experiência	33
6. A fé integradora da história, da sociedade e do cosmo	38
CAPÍTULO III. CRER NUM MUNDO RELIGIOSO	41
1. Alguns traços do fenômeno religioso	42
1.1. Mística psicológica	43
1.2. Mística cósmica	44
1.3. Neopaganismo	45
2. Explicação do fenômeno	47
3. O papel evangelizador da fé cristã	47
3.1. Experiência religiosa	47
3.2. Cristianismo como fenômeno religioso	50
3.3. Cristianismo como fé	51
3.4. Autocrítica do cristianismo	54
3.5. A fé cristã critica as místicas psicológica e cósmica	55
4. O fenômeno religioso no interior da Igreja	56
4.1. Crítica carismática	56
4.2. Crítica à carismática	58
CAPÍTULO IV. CRER NUM MUNDO DE CRISE DA RAZÃO	61
1. Algumas figuras históricas da relação fé cristã e razão	61
1.1. A fé religiosa e a razão	61
1.2. A fé racional e a razão	63
a) Momento de harmonia	63
b) Início de uma ruptura	64
c) Mudanças na compreensão da razão	64
d) Mudanças na compreensão da fé por parte da razão	65
e) Mudança da autocompreensão da fé	66

1.3. Retorno ao ponto de desvio 66
   a) A paisagem de beleza 67
   b) Muda-se a paisagem da fé 69
   c) A fé faz seu exame de consciência 69
   d) Muda-se a paisagem da razão 69
   e) A razão faz seu exame de consciência 70
2. É possível o reencontro da razão e a fé cristã? 71
3. A contribuição do cristão 73

CAPÍTULO V. **A FÉ E A COMUNIDADE** 77

1. A fé é movimento da graça 77
2. A graça fundamenta a fé 78
3. O ser humano é comunitário 80
4. O homem da relação virtual 82
5. A fé cristã em choque com o mundo virtual 83
6. A fé se recebe numa comunidade 84
7. Transmissão da fé como cultura 85
8. Transmissão rotineira e crítica 85
9. A fé na Igreja 86
10. A fé da Igreja 87
11. Na origem está a Trindade 88
    11.1. A Trindade existencial 88
    11.2. A Trindade econômica 89
    11.3. A Trindade imanente 90

CAPÍTULO VI. **CRER E O SEGUIMENTO DE JESUS** 93

1. Jesus em continuidade com Israel 93
2. Originalidade de Jesus para o Novo Testamento 95
3. A verdade da dupla natureza de Jesus 100
4. Deslocamento da ontologia para o significado 103
5. Reforço do conhecimento doutrinal de Cristo 105
6. Cristo existencial 106
7. Jesus histórico libertador 107

CAPÍTULO VII. **ESCRITURA E TRADIÇÃO** 113
I. ESCRITURA

1. Necessidade da Escritura 113
2. Inspiração e Escritura 114
3. Canonicidade dos livros inspirados 115
4. A verdade na Escritura 116
   a) Surgimento da questão 116
   b) Soluções artificiosas 117
   c) Concílio Vaticano II 117
   d) Verdade e aparência de verdade 117
   e) Caráter progressivo 118
   f) Perspectiva do autor 118
   g) Graus de historicidade 118
   h) Sentido pleno 118

II. A TRADIÇÃO
    1. Necessidade humana 121
    2. A Tradição na Igreja Católica 123
    3. Relação entre Escritura e Tradição 124
    4. Progresso da Tradição 125
    5. Modos do desenvolvimento da Tradição 126

CAPÍTULO VIII. CRER NUM CONTINENTE DESAFIADOR 129
    1. Pergunta fundamental 129
    2. No início 129
    3. Agravamento da situação e a ideologia neoliberal 132
    4. Os passos da fé nessa nova situação 136
        a) Denúncia 137
        b) Anúncio 138
        c) Práxis: colocar-se ao lado dos pobres 140
        d) Criar uma cultura da solidariedade desde a fé 141
        e) Os movimentos sociais alternativos 144

CONCLUSÃO 149
VOCABULÁRIO 153

SIGLAS

CELAM	Conferência Geral do Episcopado Latino-Americano
CNBB	Conferência Nacional dos Bispos do Brasil
DZ	H. Denzinger & A. Schönmetzer, editores da obra *Enchiridion Symbolorum* (definições e declarações relativas à fé e à moral)

Em geral, os outros documentos foram citados por extenso.

ABREVIATURAS

VV.AA.	vários autores
art.	artigo
c.	capítulo
cf.	confrontar, ver também
ed.	edição
Ibid.	ibidem, mesma obra
Id.	idem, mesmo autor
n.	número
op. cit.	obra já citada anteriormente pelo mesmo autor
p. / pp.	página / páginas
p. ex.	por exemplo
s / ss	seguinte / seguintes (p. ex.: p. 40s = p. 40 e 41; p. 49ss = p. 49 e seguintes)
trad.	tradução
v.	volume

Impresso na gráfica da
Pia Sociedade Filhas de São Paulo
Via Raposo Tavares, km 19,145
05577-300 - São Paulo, SP - Brasil - 2014